클라이밍 교과서

INDOOR BOULDERING RENSYU-CHO
by "ROCK&SNOW" Editorial Department

Copyright © Yama-Kei Publishers Co., Ltd., 2014
All rights reserved.
Original Japanese edition published by Yama-Kei Publishers Co., Ltd.
Korean translation copyright © 2016 by BONUS Publishing Co.
This Korean edition published by arrangement with Yama-Kei Publishers Co., Ltd., Tokyo.
through HonnoKizuna, Inc., Tokyo, and BC Agency

이 책의 한국어판 저작권은 BC에이전시를 통한 저작권자와의 독점 계약으로 보누스 출판사에 있습니다.
저작권법에 의해 보호를 받는 저작물이므로 무단전재와 무단복제를 금합니다.

★로 단 주는 우리나라 상황에 맞도록 부연 설명한 부분이 포함되어 있습니다. 또한 본문 중에도 우리나라 상황에 맞춰 설명한 부분이 있습니다.

CLIMBING

암벽과 홀드, 풋워크, 다이노, 맨틀링, 바디케어, 필수 용품까지

클라이밍 교과서

ROCK & SNOW 편집부 지음
김자하·이성재 감수 | 노경아 옮김

보누스

볼더링에 관해 알아보자
Let's get to know bouldering

❂ 볼더링이란 무엇인가?

볼더링은 '볼더'(Boulder)로 불리는 큰 바위를 오르는 암벽 등반의 일종이다. 큰 바위산 밑이나 시냇물, 빙하가 있었던 곳에는 소형 자동차 크기부터 마이크로버스 크기만 한 돌덩이가 여기저기 놓여 있을 때가 많다. 이들 암석을 지질학 용어로 '볼더'라고 하며, 그것을 오르는 스포츠가 '볼더링'이다. 참고로 미국의 콜로라도 주에는 이런 암석이 매우 많다는 이유로 '볼더'라고 불리는 마을도 있다.

높이가 3~4미터인 볼더의 경우, 설사 오르다 떨어져도 땅만 평평하면 큰 부상을 입지는 않는다. 그래서 재미로 이런 바위를 오르려는 사람이 생겨났다. 옆이나 뒤로 돌아가면 간단히 오를 수 있는데도, 굳이 어려운 쪽을 택하여 올라가거나 트래버스(땅에 발을 대지 않고 가로 방향으로 이동하는 것)를 시도하다 보니 볼더링이라는 스포츠가 생겨났다.

간혹 떨어지면 치명상을 입을 만큼 높은 볼더를 오르는 사람도 있지만, 원칙적으로는 떨어져도 큰 부상을 입지 않는 높이의 바위를 로프 없이 혼자 오르는 것을 볼더링으로 간주한다. 아주 쉬우면서도 심오한 스포츠, 그것이 바로 볼더링이다.

⚙ 볼더링은 암벽 등반의 한 부문

앞에서 말했다시피 볼더링은 암벽 등반(rock-climibing)의 한 부문이다. 암벽 등반은 바위를 오르기 위해 줄사다리 등 인공 도구를 쓰는 '에이드 클라이밍'(aid climbing. 인공 등반(artificial climbing)이라고도 한다.)과 안전 확보를 위해 로프 등 도구를 쓰기는 하지만 등반은 도구에 의존하지 않는 '프리 클라이밍'(free climbing)으로 나뉜다(아래 도표 참조).

또 프리 클라이밍은 '리드 클라이밍'과 '볼더링'으로 나눌 수 있다. 리드 클라이밍에서는 안전 확보용 로프를 사용하여 수십 미터 길이의 루트를 오르는 데 비해 볼더링에서는 떨어져도 치명적인 부상을 입지 않을 정도의 높이(5미터 정도까지)를 로프 없이 오른다. 대신 바위 밑에 이동식 매트를 깔아서 추락 시의 충격을 완화한다.

가끔 '로프를 활용하여 볼더링을 하고 싶다'는 사람이 있는데, 이것은 잘못된 표현이다(목표 지점에 안전용 로프를 거는 '톱 로핑'은 제외). 참고로 높이 10미터 정도의 큰 바위를 오르는 볼더링만 따로 떼어 '하이 볼더링'으로 부르기도 한다(7장 '볼더링 용어 풀이' 참조).

볼더링의 개념은 이제 얼추 이해했을 것이다. 흥미롭게도 요즘에는 실내의 인공 암벽을 오르는 볼더링이 유행이다. 실내의 벽에 자연 바위와 비슷한 손잡이(홀드)를 설치하여 루트를 설계하고, 그것을 오르며 즐기도록 만든 곳이 실내 볼더링 센터다.

사실 인공 벽은 자연 볼더와는 다르며, 홀드 역시 대부분 플라스틱과 경질 고무로 만든 것이므로 자연 암석이 아니다. 그러나 인공 암벽에서 하는 볼더링도 암벽 등반의 하나임은 틀림없다.

리드 클라이밍
로프를 사용하며, 클라이머와 빌레이어★가 짝을 이루어 긴 루트를 등반한다. 힘의 배분을 고려하는 등 전략을 짜는 재미가 있다.

볼더링
로프 없이 수 미터 높이의 바위를 오른다. 거리는 짧지만 암벽 등반의 요소가 응축되어 있다. 일반적으로 안전 확보용 매트를 사용한다.

에이드 클라이밍
바위에 고정된 지점에 줄사다리 등을 설치한 뒤 그것을 손발로 붙잡고 오르는 전통적인 등반법. 신속의 거대 암벽을 오를 때가 많다.

★ belayer. 등반자의 안전을 위해 아래나 위에서 로프를 고정하고 대기하는 사람.

볼더링의 역사

처음에 볼더링은 바위가 많은 산을 등반하기 위한 연습 또는 훈련 과정으로 여겨졌다. 많은 등반가들이 바위산에 오르기 전에 테스트 바위* 등으로 불리는 볼더를 로프 없이 오르내리거나 지상 1미터 정도의 높이에서 가로로 이동하는 연습을 했다. 떨어져도 다치지 않는 작은 바위에서 기술을 연마함으로써 알프스나 히말라야의 거대 암벽 등반을 노리는 것이 당시 산악인의 상식이었다.

그러나 암벽 등반을 연습하는 수단에 불과했던 볼더링을 하나의 독립된 스포츠로 생각하고 발전시킨 선구자가 있었다. 미국 콜로라도 주의 존 길(John Gill)이다. 그는 몸을 단련하고 볼더링 기술을 연마함으로써 당시 사람들은 감히 오를 생각조차 못했던 어려운 볼더를 차례차례 완등했다. 길은 등산화인지 농구화인지 모를 투박한 신발을 신고 매트도 갖추지 않았는데도 지금의 클라이머에 비해도 손색이 없을 만큼 역동적인 동작을 펼쳐 나갔다. 등골이 오싹할 만큼 높은 볼더를 로프 없이 오르거나 도저히 잡을 수 없을 듯 먼 홀드를 펄쩍 뛰어 붙잡는 모습을 보여주는 등 눈부신 활약을 펼친 결과, 길의 존재와 그가 도전했던 과제**는 그야말로 전설이 되었다.

1968년 영국의 리즈대학에 최초의 인공 암벽이 세워진 것을 클라이밍 역사의 시작으로 본다. 1985년 이탈리아 아르코에서는 오늘날의 등반경기와 같은 형태의 대회가 열렸는데, 이 대회는 현재도 권위를 인정받는 국제대회이지만 당시 엄청난 상금을 걸고 개최되어 화제를 모았다. 1986년부터 국제산악연맹(UI)이 등반경기대회를 통합 관장하면서 더욱 발전할 수 있었다. 연맹측은 '국제 암벽등반대회 규정집'을 만들어 대회를 규격화하였고 이때부터 '스포츠 클라이밍'이라는 용어를 사용하기 시작했다. 이어 1987년 국제등반경기위원회(CICE:Comite International des Competitions d' Escalade)를 발족시켰으며 1988년 4개의 월드컵 시범경기를 개최했다. 현재 2년마다 세계선수권대회가 열리고 매년 월드컵과 대륙 챔피언십이 열리고 있다.

★ 우리나라에서는 북한산 인수봉이 대표적인 테스트 바위라 할 수 있다.
★★ 볼더의 루트 또는 코스. 영어로는 'problem', 우리나라에서는 '문제'라는 말을 쓴다. 하나의 과제에 도전하여 마스터하는 것을 '문제를 푼다'고 표현할 때도 많다. 이 책에서는 '과제'와 '문제'를 혼용하여 사용한다. 목표 지점에 도달하는 것은 '완등'이라 한다. 실내 암벽에서는 목표로 설정된 홀드를 붙잡으면 완등이다.

♣ 볼더링은 어디서 즐길까?

앞서 말했듯 자연의 볼더를 오르는 원래의 볼더링과 실내 센터의 인공 암벽을 오르는 일을 모두 통틀어 '볼더링'이라 한다.★

사실 산속이나 하천 근처의 볼더를 찾아가기는 번거롭다. 또 비나 눈이 오는 날은 등반을 쉬어야 하고, 일이나 공부 때문에 시간을 내어 연습하기도 어렵다. 그래서 탄생한 것이 실내 볼더링 센터다. 볼더링 센터는 한정된 공간에서 좀 더 다양한 과제를 풀 수 있도록 점점 더 발전해왔고, 덕분에 많은 사람이 부담 없이 볼더링을 즐기게 되었다.

몇 년 전부터 실내 볼더링은 젊은이들 사이에서 선풍적 인기를 끌고 있으며 볼더링 센터도 빠른 속도로 늘어나는 중이다.★★

실내 센터의 볼더링에서 재미를 느낀 사람이라면, 분명히 자연의 볼더를 오를 때 더 큰 기쁨을 느낄 것이다. 장담하건대 '왜 더 일찍 시도하지 않았을까?' 하고 한탄할 것이 틀림없다. 실내 볼더링은 공공 체육관의 수영장에서 헤엄치는 것과 같다. 그에 비해 야외 볼더링은 하와이 연안에서 돌고래와 함께 헤엄치는 것에 비유할 수

있다. 둘에는 그만큼 큰 차이가 있다. 이 책을 참고하여 실내 센터에서 볼더링의 기초를 익혔다면 야외로 나가보자. 야외 암벽은 어렵다고 생각할지 모르지만, 센터에 전혀 가보지 않은 사람도 오를 만큼 쉬운 과제가 많으니 주눅 들 필요는 없다.

♣ 볼더링의 매력

볼더링에는 '과제'라고 불리는 루트가 설정되어 있다. 초보라도 금세 오를 수 있는 간단한 과제가 있는가 하면, 상급으로 갈수록 동작이나 순서를 미리 생각하고 특수한 기술과 근력을 구사해야 하는 어려운 과제가 많아진다. 하지만 이렇게 노력하고 고생하여 완등하면 큰 기쁨을 느낄 것이다. 물론 "그런다고 밥이 나와, 떡이 나와?"라고 묻는 사람도 있을 것이다.

그러나 아무 노력도 필요 없는 시시한 과제만 오른다면 볼더링의 재미를 찾기는 쉽지 않을 것이다. 볼더링은 정해진 등반법도 고정된 양식도 없는 자유로운 스포츠이지만, 그렇다고 만만하게 볼 것은 아니다. 세계적으로 공통된 난이도 기준이 있다는 점도 발전하고 싶은 마음을 자극할 것이다. 처음에는 오르지 못할지라도 어려운 과제에 거듭 도전하여 문제를 해결해 나가면서 큰 기쁨을 느끼고, 또 자신의 실력 향상을 실감할 수 있다는 점이 볼더링의 가장 큰 매력일 것이다.

★ 우리나라에서는 '볼더링'과 '스포츠 클라이밍'을 혼용해서 사용하고 있다.
★★ 우리나라의 볼더링 센터는 200곳을 넘어서고 있다. 뒤쪽 '전국 스포츠 클라이밍 센터' 참조.

CONTENTS

볼더링에 관해 알아보자

- 004 볼더링이란 무엇인가?
- 005 볼더링은 암벽 등반의 한 부문
- 006 볼더링의 역사
- 007 볼더링은 어디서 즐길까?
- 007 볼더링의 매력

1 볼더링 기초 지식

- 012 볼더링 센터는 이런 곳
- 013 볼더링에 필요한 것
- 014 볼더링의 난이도
- 015 과제를 오르는 법
- 016 목표에 도달했다면
- 017 안전하게 떨어지기
- 017 센터의 규칙
- 018 암벽의 형태
- 020 홀드의 형태와 잡는 법
- 023 풋워크(발동작)
- 024 풋워크 연습 : 발 바꿔 오르기

climbing talk 026 볼더링은 어떤 사람에게 적합할까?

2 기본 무브를 배우자

- 028 무브는 볼더링의 기술
- 029 다양한 무브
- 030 2대 기본 무브 : 인사이드 스텝과 아웃사이드 스텝
- 031 인사이드 스텝
  - 인사이드 스텝의 기본자세 / 인사이드 스텝의 안정된 자세 / 인사이드 스텝으로 멀리 있는 홀드 잡기
- 036 아웃사이드 스텝
  - 아웃사이드 스텝의 기본 / 트위스트 / 트위스트 연습
- 040 쉽게 오르기 위한 무브의 기본 원칙 네 가지

climbing talk 042 볼더링을 아이도 할 수 있을까?

3 | 다양한 응용 무브를 배우자

044 인사이드 플래깅
046 인사이드 플래깅 스타트
048 아웃사이드 플래깅
050 드롭 니
051 얕은 드롭 니
052 힐 훅
054 토 훅
055 발등 훅
056 데드 포인트
058 다이노
060 맨틀링

 063 클라이밍 센터 이용법과 기본 매너

4 | 스트레칭으로 유연성을 높이자

066 정적 스트레칭 :
　　　목 / 어깨 / 허리 / 배 / 골반 / 등 / 아래팔 / 햄스트링 / 발목
072 동적 스트레칭 :
　　　흉추·견갑골 / 흉추·요추·견갑골·골반 / 요추·골반·고관절

 074 클라이밍 센터는 커뮤니티의 장

5 | 몸 관리를 하자

076 테이핑의 효과와 감는 법
079 강한 크림프 그립을 제한하는 테이핑
081 올바른 아이싱
　　　왜 식혀야 할까 / 아이싱의 규칙 / 응용 스트레칭으로 피로를 경감한다
086 상반신의 셀프케어
　　　목 주변 / 어깨 / 허리 / 아래팔
090 아미노산 활용법
　　　아미노산의 올바른 사용법

 094 휴식은 중요해!

6

올바른 용품을 선택하자

096 　클라이밍 슈즈의 선택
　　　　클라이밍 슈즈의 각부 명칭 / 클라이밍 슈즈의 종류와 특징 /
　　　　클라이밍 슈즈의 형태의 차이와 장단점 / 발 모양에 맞는 슈즈를 찾는다 /
　　　　클라이밍 슈즈의 관리법과 관련 용품 / 여성의 클라이밍 슈즈 선택 /
　　　　초보에게 추천하고 싶은 실내 클라이밍 슈즈

104 　볼더링 웨어

106 　기타 클라이밍 용품

7

109 　**볼더링 용어 풀이**

116 　새로운 과제를 개척하고 오르는 재미

신체 단련으로 실력을 높이자

118 　분리와 공동
121 　자세를 개선하자
124 　견갑골과 등뼈의 가동 범위를 넓히는 5분 운동
127 　등반 준비에 최고의 효과를 발휘하는 스트레칭 3종
131 　3분이면 충분한 초간단 신체 기능 점검법
133 　스트레칭 폴을 활용한 리셋 컨디셔닝
136 　힘의 흡수(로딩)와 힘의 발휘(언로딩)

139 　후기
140 　전국 스포츠 클라이밍 센터 안내

1

볼더링 기초 지식

우선 볼더링 센터는 어떤 곳인지,
인공 암벽은 어떻게 올라가는지부터 알아보자.
그런 다음, 기본으로 알아두어야 할 암벽과 홀드의 형태, 홀드를 잡는 법,
발 딛는 법을 익혀 볼더링을 본격적으로 시작하자.

볼더링 센터는 이런 곳

볼더링을 시작하려면 일단 클라이밍 센터*를 방문해야 한다. 요즘 클라이밍 센터는 인테리어가 세련되어서 처음 접하는 사람도 부담 없이 방문할 수 있다. 친구를 데려가도 좋지만 혼자도 괜찮으니 가벼운 기분으로 들러 보자.

대개의 센터는 접수처에서 월 단위로 등록한 후 이용할 수 있다. 1일 자유이용권을 발급하는 곳도 있으나 1일 체험 이용은 강습비와 암장 이용료를 함께 내도록 하는 곳도 있다(무료 강습인 곳도 있다).

접수가 끝나면 탈의실에서 편한 옷으로 갈아입고 가벼운 스트레칭과 워밍업(4장 참조)을 하고 나서 과제에 도전하자. 수직 벽이나 오버행, 균형 감각이 요구되는 벽, 근력과 기술이 필요한 벽 등에 다양한 과제가 준비되어 있을 것이다. 접수할 때 처음 왔다고 말하면 직원이 이용 방법을 자세히 가르쳐줄 것이다.

리드 클라이밍(로프를 쓰는 클라이밍)을 병행하는 센터일 경우, 볼더링 벽과 리드 벽이 나뉘어 있다. 볼더링 이용자는 볼더링 전용 벽을 이용하고 리드용 벽에 올라가면 안 된다.

자료 : 일산 더클라이밍 짐.

★ 우리나라에서는 '짐'이라는 말도 많이 쓰인다.

센터의 시설

상점
클라이밍 관련 상품을 취급하는 센터도 많다. 관장이 추천하는 상품을 주로 판매하므로 구경하는 재미가 있다.

탈의실
남녀 별도로 마련된 탈의실에서 옷을 갈아입는다. 클라이밍을 하는 동안 대부분의 짐은 여기에 두지만, 귀중품은 전용 보관함에 보관하는 것이 좋다.

화장실과 개수대
대부분의 센터에는 초크로 더러워진 손을 씻을 개수대와 아이싱★에 꼭 필요한 제빙기가 있다.

대여 코너
대부분의 센터에서 클라이밍 슈즈(암벽화)와 초크를 빌려주므로 개인 도구를 준비하지 않아도 된다.

볼더링에 필요한 것

볼더링은 전용 도구가 거의 필요 없는 데다 문외한이라도 즉시 시작할 수 있는 스포츠다. 그래서 센터에 갈 때는 활동하기 편한 옷, 클라이밍 슈즈, 초크만 준비하면 된다. 그중에서도 슈즈와 초크는 센터에서 빌릴 수 있으니(유료, 1회 3,000원 내외) 일단 옷만 준비하자. 옷은 클라이밍 전용으로 나온 것도 있지만, 티셔츠와 신축성 있는 바지 등 활동이 편한 옷이면 충분하다. 위의 세 가지 외에 홀드에 묻은 초크를 털어내기 위한 브러시가 필요한데, 이것 역시 전용 브러시 대신 칫솔을 쓰면 된다. (6장 참조.)

★ 운동 후 얼음물에 손과 팔을 넣어 식히는 것. 얼음주머니를 얹어놓는 얼음찜질과는 다르다.

볼더링의 난이도

우리나라에서는 미국의 요세미티 등급(Yosemite grade)이 가장 일반적으로 통용되는 스포츠 클라이밍 등급이다. 볼더링 등급은 V 그레이드를 따르는데, 볼더의 난이도에 따라 V0~V16로 이루어진다. V 그레이드는 후에코 스케일(Hueco Scale)이라고도 하는데, 텍사스 후에코 탱크스(Hueco Tanks) 지역에서 쓰이기 시작한 미국의 등급 체계이다. 프랑스 등급(French grade)은 유럽에서 많이 쓰인다. 폰트(Font) 시스템과 프랑스 등급은 표기가 비슷해 헷갈릴 수 있어 주의해야 한다. V 그레이드는 미국이나 호주에서도 사용한다. 우리나라는 V 그레이드를 따른다(아래 도표 참조). 현재 볼더링의 최고 난이도는 아담 온드라가 해결한 테라노바(Terranova)의 V16과 크리스천 코어가 해결한 지오이아(Gioia)의 V16이다.

센터에서 내는 문제는 주로 자체 강사나 직원들이 설계하며, 난이도도 직원들이 정한다. 보통은 센터마다 볼더링의 난이도를 표시해두었다. 그 기준에 따라 자신의 수준을 파악하면서 볼더링 과제를 수행하면 동기 부여가 될 것이다.

볼더링의 난이도

볼더링 난이도		스포츠 클라이밍 난이도	
V 그레이드	Font 시스템	프랑스(유럽) 등급	요세미티(미국) 등급
Vb	3	5a	5.7
V0-	4-	5c	5.9
V0	4	6a	5.10a
V0+	4+		5.10c
V1	5+	6a+	5.10d
V2	6a	6b	5.11a
V3	6a+	6c+	5.11d
V4	6b+	7a	5.12a
V5	6c+	7b+	5.12c
V6	7a	7c	5.12d
V7	7a+	7c+	5.13a
V8	7b+	8a	5.13c
V9	7c	8a+	5.13d
V10	7c+	8b	5.14a
V11	8a	8c	5.14c
V12	8a+	8c+	5.14d
V13	8b	9a	
V14	8b+		5.15a
V15	8c	9b	5.15b
V16	8c+	9b+	5.15c

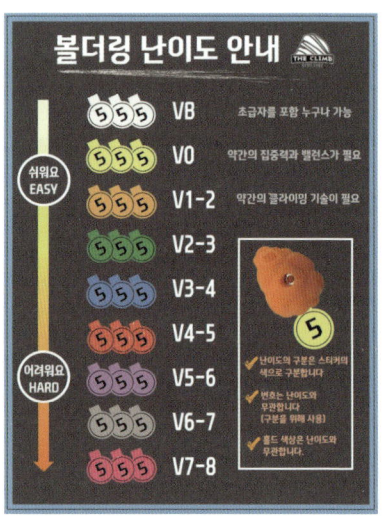

센터에 붙어 있는 난이도 안내표. 자신의 실력을 파악하는 기준이 된다. (자료 : 일산 더클라이밍 짐)

센터의 과제는 직원이 주로 설계한다.

과제를 오르는 법

올라가기 전에 우선 벽을 잘 살펴보자. 벽에는 다양한 색과 형태의 홀드가 있고, 그 옆에 형형색색의 테이프가 붙어 있다. 자유롭게 올라가도 괜찮지만, 초보는 이처럼 센터에서 만들어놓은 쉬운 과제부터 따라 하는 것이 좋다.

홀드 옆에 붙은 테이프는 과제를 표시한다. 대개의 경우 테이프의 색은 난이도를, 테이프의 형태는 경로를 나타낸다. 즉 같은 색, 같은 형태의 테이프가 붙은 홀드만을 이용하여 등반하면 되는 것이다.

아래쪽 사진을 보자. 예를 들어 분홍색 사각 테이프로 표시된 과제를 오른다고 하자. 그래서 이해를 돕기 위해, 사진에 그 과제에 해당하는 홀드를 동그라미로 표시해보았다. 테이프에 'S'라고 쓰인 곳이 출발점(1번), 'G'가 도착점(6번)이다. 첫 홀드를 양손으로 잡고 출발해서 마지막 홀드를 양손으로 붙잡으면 완등이다. 일단 매트 위에 앉아 1번 홀드를 양손으로 잡는다(16쪽 사진 참조). 그리고 홀드를 순서대로 붙잡고 올라가자. 6번 홀드를 양손으로 잡으면 성공이다. 참고로 초보용 과제의 경우, 발은 자유롭게 디뎌도 되는 경우가 많다.

★ 과제를 표시하는 방법은 센터에 따라 다를 수 있다. 이해가 잘 안 되면 직원에게 물어보자.

과제의 예: 분홍색 사각 테이프가 붙은 홀드만을 이용하여 등반한다.

목표에 도달했다면

목표를 달성하자마자 매트 위로 뛰어내리는 사람이 많다. 그러나 높은 곳에서 떨어지면 몸에 큰 충격이 가해지므로 이런 행동은 매우 위험하다.

힘이 조금이라도 남아 있다면 어떤 홀드든 꽉 붙잡고 발 디딜 곳을 잘 보아가며 내려오자. 올라갈 때와 반대의 요령으로 천천히 내려와 (이것을 '클라임 다운'이라 함) 안전한 높이인 1~2미터에 도달한 다음에 뛰어내린다.

단, 뛰어내릴 때는 밑에 사람이 없는지 잘 확인해야 한다. 또 매트 가장자리에 착지하거나 벽과 매트 사이에 발이 끼면 골절 또는 염좌를 일으킬 수 있으니 주의하자.

안전한 높이까지 클라임 다운한 뒤 뛰어내린다.

안전하게 떨어지기

과제를 오르다 보면 홀드에 손이 닿지 않거나 미끄러져서 뜻밖에 추락할 때가 있다.

아무리 매트가 깔려 있어도 왼쪽 아래 사진처럼 쿵 하고 착지하기를 반복하면 무릎과 허리에 부담이 가서 몸에 이상이 생기거나 매트를 손상시킬 수 있다. 또, 착지할 때 발이나 손이 비틀려 부상을 입을 수도 있다.

그러므로 추락할 때는 아래 연속 사진처럼 발을 가볍게 매트에 댔다가 그대로 뒤로 드러눕듯 굴러서 몸 전체로 충격을 흡수하는 것이 좋다.

평소에 충격을 최소화하는 방식으로 낙하하는 습관을 들이면 부상을 예방할 수 있다.

충격을 줄이는 낙하 방법. 매트에서 벗어나거나 머리를 찧지 않도록 주의한다.

센터의 규칙

앞에서 말했다시피 볼더링을 하다 보면 사람이 위에서 갑자기 떨어질 때가 종종 있으므로 매트에 앉아서 쉬거나 등반자 밑에 서 있으면 위험하다. 떨어지는 사람과 부딪히면 둘 다 큰 부상을 입기 때문이다. 매트 위에 물병이나 브러시 같은 물건을 두어서도 안 된다.

또, 두 사람 이상이 하나의 벽에 동시에 올라가는 것도 위험하다. 먼저 올라간 사람이 우선이므로, 다른 사람이 오르는 동안 자신의 과제를 눈으로 잘 살펴보아 그 사람과 경로가 교차하거나 근접하지 않는지 확인한 후에 올라가자.

술을 마시고 등반하거나 쓸데없이 큰 소리로 떠드는 것도 당연히 결례다. 특히 남성은 덥다는 이유로 (일부러 보여주려고?) 웃통을 벗고 등반하지 말자. 그랬다가는 여성(남성도 마찬가지)들의 따가운 시선을 한 몸에 받기 십상이다.

> **센터에서 피해야 할 행동**
> 1. 두 사람 이상이 동시에 같은 벽을 오른다.
> 2. 매트 위에서 쉰다.
> 3. 초크를 바닥에 엎지른다.
> 4. 술을 마시고 등반한다.
> 5. 웃통을 벗고 등반한다.
> 6. 큰 소리로 떠들어서 주변에 폐를 끼친다.

매트 위에서 쉬거나 하나의 벽을 동시에 오르면 매우 위험하다.

암벽의 형태

암벽의 형태는 다양하다. 볼더링이라는 말을 들으면 당연한 듯 앞으로 기울어진 벽을 힘차게 오르는 모습을 상상하겠지만, 벽에는 수직 이하의 벽(슬랩)에서 천장에 가까운 경사(루프)까지 다양한 형태가 있어서 각기 다른 재미와 어려움을 맛볼 수 있다.

예를 들어, 얼핏 보아서는 무척 어려워 보이는 오버행이라도 잡기 쉬운 홀드만 있으면 공원의 '구름다리'처럼 금세 오를 수 있고, 완경사의 슬랩이라도 거울처럼 매끈하면 오르기가 무척 어렵다. (단, 센터에서는 가벼운 경사의 벽을 초보용으로 설정하는 경향이 있다.)

그래서 여기서는 벽마다 각기 다른 특징을 소개하려 한다. 자신에게 유리한 경사와 형태를 알아두면 실력 향상에 큰 도움이 될 것이다.

다양한 경사와 형태의 인공 암벽이 마련된 볼더링 센터. 벽의 형태와 경사에 따라 각기 다른 종류의 힘과 기술이 필요하다.

페이스 face

수직에 가까운 벽을 말한다.('직벽'이라고도 한다.) 슬랩과 마찬가지로 섬세한 기술을 요구할 때가 많아 강한 완력만 믿다가는 등반에 실패할 수 있다. 이렇게 차근차근 등반해야 하는 과제를 '슬래비'(slabby)라고 표현하기도 하는데, 이런 과제는 페이스 또는 완만한 오버행에서 자주 볼 수 있다.

코너 coner

사각형 모서리를 말한다. 책을 세워 놓은 모양과 비슷해서 '오픈 북'이라고도 불린다. 때로는 좌우의 벽에 발을 대고 버티면(스테밍(stemming) 기술) 핸드홀드를 잡지 않아도 서 있을 수 있다. 이곳은 암벽의 약점으로, 코너의 양쪽 벽을 이용하면 과제가 너무 쉬워지므로 '우벽(혹은 좌벽) 사용 금지' 등의 제한을 걸어놓은 곳도 있다.

슬랩 slab

경사가 90도 이하인 벽. 홀드가 툭 튀어나와 있는 인공 벽 중에는 슬랩이 비교적 쉬운 편에 속하지만, 야외 볼더 중에는 하반신의 유연성과 풋홀드를 딛는 기술이 반드시 필요해서 완력이 아무리 강해도 등반하기가 쉽지 않기 때문이다. 손을 쓰지 않고 오르는 슬랩(노 핸드 슬랩)은 발 기술을 연습하기에 최적의 환경이다.

칸테 kante

튀어나온 모서리를 말하며, 독일어에서 왔다. 같은 뜻을 지닌 프랑스어 '아레트'(arête)도 자주 쓰인다. 영어로는 움푹 들어간 모서리와 똑같이 '코너'로 불리기 때문에 헷갈릴 수 있다. 힐 훅(뒤꿈치 걸기), 토 훅(발가락 걸기)을 주로 사용하는 독특한 입체적 클라이밍이 가능하다.

오버행 overhang

앞으로 기울어진 벽의 총칭으로, 경사에 따라 완경사 오버행(오른쪽/위 사진), 급경사 오버행(오른쪽/아래 사진) 등으로 나뉜다. 루프도 오버행의 일종이다. 상반신의 힘만 있으면 오를 수 있을 것처럼 보이지만 의외로 발놀림이 중요한데, 발로 풋홀드를 잘 디디려면 몸통의 힘도 필수적이다. 턱걸이를 못한다고 못 오를 이유는 없으나 팔 힘이 강한 편이 유리한 것은 사실이다.

크랙 crack

암벽의 갈라진 틈을 말한다. 야외에는 크랙만으로 끝나는 과제도 있지만 실내 센터에서는 크랙을 거의 찾아볼 수 없다. 벽과 벽 사이에 간격을 두어 크랙을 재현한 센터가 가끔 있지만, 일반적인 센터라면 사진처럼 두 볼륨 홀드(초대형 홀드) 사이의 틈을 크랙으로 간주하는 정도일 것이다. 크랙을 이용할 때는 독특한 기술인 '재밍'(jamming)을 주로 쓴다.

루프 roof

경사가 180도 정도인, 말 그대로 천장 같은 벽을 말한다. 다른 벽에서와 마찬가지로 매달리기만 해서는 전진하지 못하고 체중을 발에 분산시키지 않으면 금세 피로해진다. 한편 발을 들어 올리려고만 해도 복근, 등 근육, 다리 근육 등이 강력한 힘을 발휘해야 한다. 목표를 향해 발부터 나아가는 경우가 가끔 있는데, 이는 루프만의 특징이다.

홀드의 형태와 잡는 법

튀어나온 돌기 등의 손잡이(엄밀히 말해 '발 디딤대'까지 포함)를 '홀드'라 한다. 그리고 이 홀드를 잡는 것을 '그립' 또는 '홀딩'이라 한다.

볼더링에는 홀드의 형태와 방향에 따라 몇 가지 그립 방식이 있다. 상급자는 홀드의 형태에 따라 밀리미터 단위로 최적의 그립 포인트를 파악하고 최적의 방식을 적용한다. 그러나 여기서는 초보가 알아두어야 할 대표적인 홀드와 그립을 소개하겠다.

오픈 핸드 open-hand

손끝을 홀드에 걸고 손가락 관절을 쭉 펴서 매달린다. 초보는 홀드의 형태에 따라 클링과 오픈 핸드를 구분하여 사용하는 것이 중요하다. 프랑스어로는 '탄듀'(tendu)라 한다.

클링 cling

작지만 잡기 편하게 생긴 홀드를 잡을 때의 그립. 엄지를 검지 위에 대고 누르면 홀드를 더 세게 잡을 수 있고, 첫 번째 관절을 젖히고 두 번째 관절을 구부리면 지지력이 더 강해진다. 엄지를 검지 위에 대고 누르는 그립을 따로 떼어 '크림프'(crimp)라고 부르기도 한다.

저그 jug

감싸 쥐듯 잡을 수 있는 홀드. 옆에서 보면 주전자 주둥이처럼 손잡이가 위로 솟아 있다고 해서 '저그'(jug)로 불린다. 큼직하고 잡기 쉬운 홀드인 '버켓 홀드'(bucket hold)와 혼동하여 쓸 때가 많다. 초보용 과제나 출발점, 도착점의 홀드는 대개 저그다. 저그 홀드를 잡을 때는 되도록 팔을 쭉 펴서 힘을 빼는 것이 좋다. 이 홀드는 만만하지 않다. 상급자가 '저그'라고 부르는 홀드라고 해서 초보자에게도 쉬운 것은 아니니 주의하자.

포켓 pocket

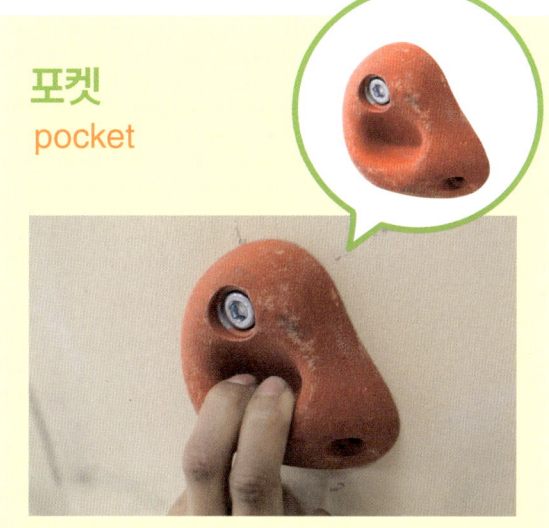

구멍이 있는 홀드로, 손가락이 하나에서 셋 정도만 들어간다. 구멍에 들어가지 못한 손가락은 주먹을 쥐듯 오므리는 것이 효과적이다. 대개 오픈 핸드 그립처럼 손가락 관절을 쭉 편 채 매달린다.

언더 클링 under cling

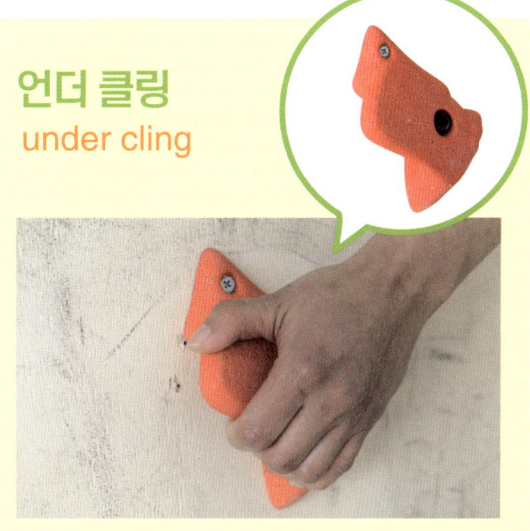

아래쪽 방향의 홀드를 잡는 방식. 발로 밀어 올리는 반대 방향의 힘을 함께 활용하면(오퍼지션, 7장 참조) 힘을 절약할 수 있다. 줄여서 '언더'라고도 한다.

사이드 풀
side-pull

옆쪽 방향의 홀드를 잡을 때 쓴다. 그립을 안정적으로 유지하려면 균형 감각과 힘이 필요하다.

가스통
gaston

몸 중심에서 보았을 때 사이드 풀과 반대 방향으로 된 홀드를 잡을 경우 이 그립으로 몸의 균형을 유지한다. 이때는 특히 어깨 힘이 중요하다.

파밍
palming

미끄럽고 둥그스름한 홀드★를 잡는 그립. 손끝에서 손바닥까지 손 전체를 사용하여 홀드를 감싸듯 쥐고, 손가락뿐만 아니라 어깨와 등의 힘까지 함께 사용하는 것이 중요하다.

볼륨 홀드
volume hold

'매크로 홀드'라고도 부른다. 나무나 수지 등으로 만든 초대형 홀드. 최근 경기 등에서 많이 등장한 덕분에 볼더링 센터에서도 많이 활용되고 있다. 일반적인 홀드를 볼륨 홀드 위에 붙이기도 하고 볼륨 홀드 자체를 과제에 활용하기도 하는데, 후자의 경우에는 독특한 기술이 필요하다.

★ 흐르는 홀드. 'sloping hold' 또는 'sloper'라고 부른다.

풋워크(발동작)

발 디딤대를 '풋홀드'라고 한다. 초보 중 간혹 사다리를 오르는 것처럼 발 가운데의 움푹 들어간 곳을 풋홀드에 디디는 사람이 있는데, 볼더링에서는 발끝으로 서는 것이 기본이다. 풋홀드에 무조건 발끝으로 서야 한다는 점을 기억하자.

이 발끝 서기에 성공하면 인사이드(엄지발가락)뿐만 아니라 아웃사이드(검지~새끼발가락) 에지로 서는 데도 도전해보자.

결국은 손가락뿐만 아니라 발가락으로도 홀드를 움켜쥔다는 느낌으로 오를 수 있어야 한다.

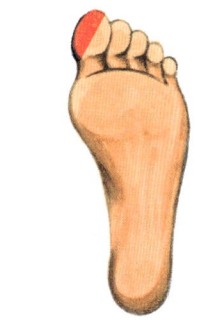

풋워크는 균형 잡힌 자세의 기본이다. 일단 그림에서 빨갛게 칠해진 엄지발가락 부위를 의식하며 풋홀드를 디뎌보자.

인사이드 에징
inside edging, 안쪽 딛기

엄지발가락 안쪽을 쓴다. 엄지발가락을 중심으로 하여 발끝으로 서는 느낌으로 하면 된다. 제일 처음 익혀야 할 기본 기술이다.

아웃사이드 에징
outside edging, 바깥쪽 딛기

검지발가락에서부터 새끼발가락까지를 쓰는 방법. 발을 돌릴 때(몸의 방향을 틀 때) 편리하다.

스미어링
smearing, 문질러 딛기

둥그스름한 풋홀드에 발끝을 넓게 디디는 방법. 신발 밑창의 마찰력을 최대한 활용할 수 있도록 찰싹 붙여서 넓게 딛는 것이 중요하다. 미끄러질 것 같아 조금 무서울지도 모르지만 '미끄러지지 않는다'고 믿자.

힐 훅
hill hook, 뒤꿈치 걸기

발꿈치를 활용하는 기술로, 몸의 균형을 잡거나 루프(천장 같은 벽)를 오르는 등 약간 난이도 있는 과제를 오를 때 유용하다.

★ 힐 훅을 활용한 동작은 52~53쪽 참조.

토 훅
toe hook, 발끝 걸기

발등을 홀더에 바짝 붙여 풋홀드를 하는 방법이다. 제한된 풋홀드 중에서 밸런스를 유지하기 위해 사용한다. 힐 훅과 같은 모양이다. 점점 난이도가 높아지는 기술이다.

★ 토 훅을 사용한 동작은 54쪽 참조.

풋워크 연습 : 발 바꿔 오르기

풋워크의 중요성을 이해하고 발을 올바르게 딛는 법을 익히려면 '발 바꿔 오르기'를 연습해야 한다.

출발점 홀드를 잡은 뒤 그 밑의 풋홀드에 한쪽 발을 딛는다. 다른 한 발은 풋홀드를 딛지 않고 벽에 붙이거나 허공에 늘어뜨린다.

중요한 것은 처음에 움직일 손이 오른손이라면 오른발을, 왼손이라면 왼발을 먼저 디뎌야 한다는 점이다. 그래서 첫 홀드를 오른손으로 잡았다면 오른발이 풋홀드에 올라가 있을 것이다. 그러나 그다음에 왼손을 뻗으려면 풋홀드 위의 발을 왼발로 바꿔야 한다. 그래서 같은 풋홀드에서 좌우 발을 교대하게 되는데, 이때는 발끝이 벽에 수직이 되도록 딛는 것이 중요하다. 바꿀 발을 홀드 위로 비스듬히 가져온 뒤 폴짝 뛰면서 발을 바꾼다. 이렇게 왼발로 바꾼 뒤 왼손을 뻗어 홀드를 잡고, 다시 오른발로 바꾼 뒤 같은 과정을 반복한다.

거듭 연습하다 보면 클라이밍 슈즈를 어떻게 활용하는지도 알게 될 것이다.

🦶 발 바꾸며 오르기

1. 오른손으로 홀드를 잡기 위해 오른발을 홀드에 딛고 왼발은 늘어뜨린다.
2. 오른발이 있는 풋홀드에 왼발을 가져간다.
3. 살짝 뛰어 재빨리 좌우 발을 바꾼다.
4. 왼발로 디디면 균형이 잡혀 왼손을 멀리 뻗을 수 있다.

🦶 발 바꾸는 연습

 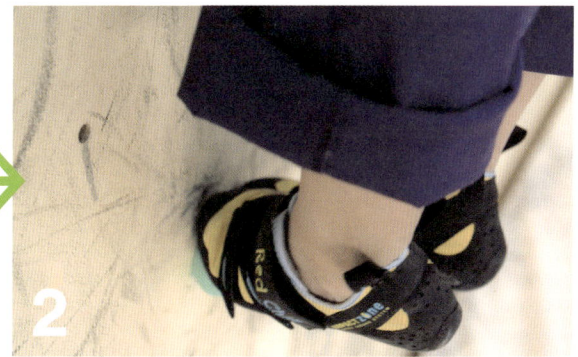

1. 홀드 위의 발(오른발)은 벽과 수직이 되도록 한다.
2. 바꿀 발(왼발)을 비스듬히 위쪽으로 가져와서 발 바꿀 준비를 한다.

3. 살짝 뛰어 발을 바꾼다. 되도록 신속하게 실시한다.
4. 왼발에 체중이 실린다. 이를 반복하여 연습하자.

Climbing Talk

볼더링은 어떤 사람에게 적합할까?

글. 잭 나카네

볼더링은 자유 시간이 많지 않은 사회인도 충분히 즐기며 실력을 기를 수 있는 스포츠다. 또, 실력을 향상시키기 위해 스스로 연습하고 몸을 단련하며, 기술을 연마하고 어려운 과제를 풀어나가는 과정에서 큰 기쁨을 느낄 수 있다.

볼더링을 좋아하는 사람이라면 누구나 좀 더 어려운 과제를 풀기를 원하며, 좀 더 멋지게 오를 수 있기를, 오랫동안 볼더링을 즐길 수 있기를 희망한다. 이렇게 센터에 다니며 과제를 풀어나가는 사람은 모두가 같은 마음이므로 쉽게 친구가 된다. 열심히 등반하는 동료에게는 모두가 아낌없는 응원을 보낸다.

따라서 처음 클라이밍 슈즈를 구입할 때 "이렇게 좋은 신발을 신고 가면 건방져 보이지 않을까?"라고 걱정하는 사람이 있는데, 그것은 쓸데없는 생각이다. 나는 그런 이들에게 늘 자신 있게 대답한다. "모두가 실력을 늘리기 위해 최선을 다하고 있으니 전혀 걱정할 것 없습니다."라고.

2

기본 무브를 배우자

더 어려운 과제를 오르거나 힘을 절약하기 위해서는
클라이밍 특유의 동작인 '무브'가 필요하다.
2장에서는 볼더링 무브의 기본인
'인사이드 스텝'과 '아웃사이드 스텝'에 대해 알아보자.

무브는 볼더링의 기술

볼더는 단순한 동작만으로는 오를 수 없다. 손잡이와 발 디딤대는 형태도 다양하고 모서리의 위치도 다르며 크기와 당기는 방향도 제각각이다. 개중에는 잡을 데가 없어서 밀어야 하는 홀드도 있다. 즉 한 가지 자세만으로는 볼더링을 할 수 없다. 이 문제를 해결하기 위해 클라이머가 구사하는 특유의 동작을 총칭하여 '무브'(move)라 한다. 한마디로 무브란 볼더링에 성공하기 위해 구사하는 '기술'을 말한다.

초보는 아무래도 완력과 악력을 강화하는 데에만 주목하기 쉽다. 그러나 센터에 가보면, 손과 팔에 그다지 힘이 없어 보이는 여성이 시원스럽게 벽을 오르는 모습을 보고 깜짝 놀랄 것이다.

철봉 거꾸로 돌기를 못하는 사람이 턱걸이를 10개쯤 할 정도로 힘을 길렀다고 해서 거꾸로 돌기에 성공하는 것은 아니다. 반면 힘이 약한 사람이라도 요령만 익히면 거꾸로 돌기를 할 수 있다. 이와 마찬가지로, 아무리 힘을 쥐어짜도 성공하지 못한 과제를 비교적 적은 힘으로도 성공할 수 있게 만드는 볼더링 기술이 바로 '무브'다.

사람이 근력을 연속으로 쓸 수 있는 횟수는 최대 2~3회이므로, 아무리 완력이 강한 사람도 네 번 이상 힘을 쓰면 지치고 만다. 게다가 홀드가 옆쪽 방향이거나 아래쪽 방향이면 완력만으로는 결코 오를 수 없다. 그래서 무브가 중요하다.

홀드 하나를 붙잡는 일이라면 다양한 방법 중 자신이 잘하는 것을 택하면 된다. 그러나 여섯 번, 일곱 번씩 홀드를 바꿔 잡으며 전진하려면 좀 더 효율적이고 힘을 덜 소모하는 무브를 찾아내어 정확히 구사해야 한다. 그렇지 않으면 도중에 힘이 바닥나 버릴 것이다.

스스로는 오르지 못했던 과제라도, 상급자의 시범을 본 뒤 그 모습을 흉내 내면 쉽게 오를 수 있는 경우가 많다. 그렇게 해서 실력을 늘리는 초보자가 적지 않다.

왜냐하면 상급자의 효율적인 무브를 눈앞에서 보았기 때문이다. 물론 팔 길이나 근력, 유연성의 정도에 따라 적용할 수 있는 무브가 달라진다. 그러나 힘을 절약하는 무브를 배워서 연결해 나가기만 하면 어려운 과제도 쉽게 오를 수 있다.

이처럼 여러 가지 무브를 잘 연결하여 춤을 추듯 하나의 과제를 완등했을 때의 기쁨은 참으로 크다.

그러므로 다양한 무브를 체험하고 배우는 일은 무엇보다 중요하다. 그래서 지금부터 기본적인 무브와 그 훈련법을 알아볼 것이다.

다양한 무브

기본 무브는 두 가지

인사이드 스텝 → p031
벽을 정면으로 마주 보고 팔자걸음을 걷듯이 오르는 방식.

아웃사이드 스텝 → p036
아웃사이드 에지로 서서 몸을 좌우로 틀며 오르는 방식.

응용 무브

인사이드 플래깅 → p044
기본 균형을 잡으려 할 때의 기본적 기술.

아웃사이드 플래깅 → p048
기본 균형을 잡으려 할 때의 고급 기술.

드롭 니 → p050
무릎을 아래로 접어 팔의 부담을 줄이는 기술.

힐 훅 → p052
발꿈치를 또 하나의 손처럼 활용하는 기술.

토 훅 → p054
홀드에 발끝을 감아 당기는 기술. 루프에서 주로 사용한다.

데드 포인트 → p056
홀드를 확 잡아당긴 순간을 이용하여 다음 홀드를 잡는 기술.

다이노 → p058
펄쩍 뛰어 홀드를 잡는 것. 이것이야말로 볼더링!

맨틀링 → p060
야외 볼더에 도전하기 전에 배워야 할 기어오르는 기술.

2대 기본 무브 – 인사이드 스텝과 아웃사이드 스텝

아직 완력이 약한 초보가 그 약점을 보완하려면 무브의 기본 이론부터 익혀야 한다. 물론 과제에 따라 쓸 수 있는 무브가 달라지므로 항상 이론대로 한다고 해서 성공하는 것은 아니다.

그러나 V3 볼더까지는 적절한 이론을 따르는 편이 성과도 좋고 힘도 덜 들 것이다.

볼더링의 무브는 벽을 정면으로 보고 팔자걸음으로 홀드를 밟는 '인사이드 스텝'★, 그리고 몸을 옆으로 돌려가며 오르는 '아웃사이드 스텝'★★으로 크게 나뉜다. 상대적으로 근력이 강한 남성은 힘이 필요한 인사이드 스텝을 대체로 선호하며 아웃사이드 스텝에 약하다. 여성은 반대로, 유연성이 필요한 아웃사이드 스텝을 선호하며 힘이 필요한 인사이드 스텝에 약하다.

사실 V1급 정도까지는 자신이 선호하는 방식으로만 전진해도 괜찮지만 그 후에 한계에 부딪히지 않으려면 자신이 약한 무브도 미리 연습해두어야 한다.

그러기 위해 매우 효과적인 방법이 있다. 바로 남녀가 함께 훈련하는 것이다. 어렵지 않은 과제 하나를 이성과 함께 오르다 보면, 서로의 모습을 보고 자신이 서툰 무브를 익힐 수 있을 것이다. 즉 서로의 약점을 보강해주는 훈련이다.

이제 인사이드 스텝과 아웃사이드 스텝에 관해 자세히 알아보고, 그 요령을 배워보자.

★ 우리나라에서는 앞을 보고 다리를 높이 올린다는 뜻에서 '프론트 하이스텝'으로 많이 알려져 있다. 줄여서 '하이스텝'이라고 한다.

★★ 아웃사이드 스텝은 '백스텝'으로도 부른다. 높은 풋홀드를 백스텝으로 밟고 일어나는 것은 '백 하이스텝'이다.

인사이드 스텝

벽을 정면으로 마주 하고 오르는 기본적인 무브.

아웃사이드 스텝

몸의 회전을 이용한 무브. 어깨를 중심으로 허리를 회전시킨다.

인사이드 스텝

수직 벽에서 주로 사용하는 가장 기본적인 기술이다.
우선 이 자세로 오르는 연습을 해보자.

무릎을 벌리고 발 안쪽(인사이드 에지)을 풋홀드에 올리는 무브를 '인사이드 스텝'이라 한다. 이것은 수직 벽이나 경사가 완만한 벽(수직 이하의 슬랩)을 오를 때의 기본 자세다.

다음 홀드를 왼손으로 잡기 어려울 때는 왼손을 뻗기 전, 왼발을 좀 더 높은 풋홀드에 디뎌야 한다. 반대로, 오른손을 뻗기 전에는 오른발을 더 높은 풋홀드에 디딘다.

이는 몸통을 축으로 삼고 대각선(오른손과 왼발, 왼손과 오른발의 2지점)을 만들어 균형을 잡는 기본 기술이다. 또, 다음 동작을 예상하고 발을 최적의 위치에 미리 가져다 놓는 기술이기도 하다.

일단은 어떤 자세로 동작을 취했을 때 편하게 느껴지는지를 몸으로 터득해보자.

왼손을 뻗을 때 허리의 중심은 왼손과 오른발이 이루는 대각선보다 약간 왼쪽에 위치한다.

몸통을 축으로 삼아 대각선을 만들면 균형을 잡기 쉽다. 이것은 힘을 절약하면서도 멋지게 등반하기 위한 기본자세다.

왼손을 뻗기 전에 왼발을 오른발보다 높은 곳에 있는 풋홀드에 미리 가져다 둔다. 그리고 다음 홀드를 잡기 위해 그 풋홀드를 딛고 올라서듯 몸을 위로 끌어당기면 된다. 벽에 오르기 전에 홀드의 배치를 잘 보고 어떤 타이밍에 어떤 풋홀드를 디딜지 미리 생각해두면 더욱 원활한 무브를 실행할 수 있다.

인사이드 스텝의 기본자세

벽에 매달려 있을 때의 기본자세를 살펴보자. 홀드를 잡은 팔은 쭉 펴서 힘을 뺀다. 상반신은 벽에서 살짝 떼고 허리는 최대한 벽에 붙인다. 이렇게 해야 발에 체중이 분산되고 팔 힘을 절약하며 쉴 수 있다. 게다가 시선이 벽에서 멀어지므로 다음 홀드를 확인하기도 편하다.

초보는 아무래도 아래에서 하단의 오른쪽 사진처럼 허리를 뒤로 빼고 다리로 버티기 쉬운데(엉거주춤한 자세) 그러다 보면 팔이 구부러지게 마련이다. 사진만 보아도 무척 힘들어 보이는데, 이 상태로는 팔에 체중이 너무 많이 실려 팔 근육이 금세 지쳐버린다. 게다가 다음 홀드를 찾기도 어렵다.

다음 무브를 생각할 때, 핸드홀드나 풋홀드를 찾을 때, 손에 초크를 묻힐 때에도 하단 왼쪽 사진의 자세가 기본이다. 이렇게 편안한 자세를 취해야 오랫동안 벽에 매달려 있을 수 있고, 한 손으로 홀드를 잡은 채 다른 팔을 쉬게 할 수도 있다. 이는 리드 클라이밍에 특히 필요한 기본자세이지만 볼더링에서도 긴 과제를 수행할 때는 반드시 필요하다.

힘을 절약하려면 팔을 쭉 펴고 허리를 벽에 붙여야 한다. 그래야 등반 자세에도 균형이 잡힌다.

얼굴은 어떻게 할까? 팔을 펴고 벽에 매달린 상태에서는 다음 홀드를 보기 위해 얼굴을 들어 올려도 좋지만 무브에 들어간 뒤에는 턱을 당겨 조금 아래를 보는 것이 좋다. 턱이 들려 머리가 뒤로 젖혀지면 몸의 균형이 무너지지만, 턱을 안으로 당기면 좀 더 먼 홀드까지 손이 닿을 것이다.

팔을 펴고 힘을 뺀다. 이렇게 하면 팔 힘을 절약하면서 다음 홀드를 확인할 수 있다.

허리(중심)를 벽에 붙이면 체중이 발에 분산되므로 팔 힘이 절약된다.

아래팔에 힘이 지나치게 들어간 잘못된 자세. 초보자가 자주 보이는 자세로, 이렇게 되면 몸의 균형이 무너질 뿐만 아니라 팔 힘이 지나치게 소모된다.

인사이드 스텝의 안정된 자세

등반에 실패하는 경우는 대부분 다음 홀드에 손이 닿지 않아서 발생한다. 특히 벽의 경사가 심해질수록 몸이 잘 고정되지 않고 다음 홀드를 잡기도 어려워져 몸이 뒤쪽으로 회전하기 쉽다. 몸을 고정하기 위해서는 안정된 자세를 유지하는 것이 중요하다. 그러나 안정된 자세를 유지하기란 결코 쉬운 일이 아니다.

오른쪽 그림을 보자. 이처럼 한쪽 손(그림에서는 오른손)을 뗐을 때 나머지 손과 두 발이 삼각형을 이루는 것이 가장 안정된 자세다(3지점 이론). 구체적으로는 왼손 아래쪽 두 발이 좌우로 균등하게 위치하여 이등변삼각형을 이루는 것이 이상적이다. 이렇게 하면 몸이 확실히 고정되지만, 오른손이 닿는 범위는 상당히 한정된다. 게다가 비슷한 높이의 풋홀드 두 개를 찾아 발을 디딜 수 있는 경우는 실제로 거의 없으므로, 생각처럼 안정된 삼각형을 만들기란 쉽지 않다.

볼더링에서는 일일이 안정된 자세를 취할 여유가 없을 때가 많다. 한쪽 발을 높이 올려야만 위로 올라갈 수 있고, 풋홀드가 하나밖에 없을 때는 한 발만 디뎌야 하기 때문이다. 하지만 그럴 때 효과적인 방법이 있으니 어서 배워보자.

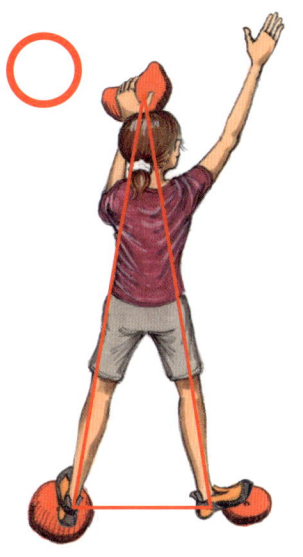

오른손을 멀리 뻗으려면 오른발을 높이고, 왼손을 멀리 뻗으려면 왼발을 높일 것

홀드를 잡으러 가는 손(오른손)과 같은 쪽 발(오른발)이 높으면 오버행에서 왼손이 홀드를 놓치더라도 안정된 자세가 유지된다.

그러나 반대의 경우에는 화살표 방향으로 몸이 회전하여 추락하기 쉽고, 오른손을 멀리 뻗을 수 없어 제대로 전진하기 어렵다.

오른손으로 홀드를 잡을 때는 오른발이 높이 올라가 있어야 자세가 안정된다.

오른발이 낮은 곳에 있으면 추락하기 쉽고, 먼 곳까지 손이 닿지 않는다.

인사이드 스텝으로 멀리 있는 홀드 잡기

인사이드 스텝으로 오를 때는 홀드를 잡으려는 손과 같은 쪽의 발을 높여야 한다는 것을 설명했다. 즉 오른손으로 홀드를 잡으려면 오른발을 딛고(사진 1, 2), 왼손으로 잡으려면 왼발을 디뎌야 한다. (사진 5, 6)

이제 실제 연습이다. 일단 양손으로 홀드를 잡고, 그 바로 아래에 있는 풋홀드에 발을 올려보자. 처음부터 욕심부릴 필요는 없다. 어느 정도 쉬운 과제를 선정한 후 출발점 근처의 홀드를 잘 살펴보고, 발을 딛는 순서를 미리 정한 뒤에 첫발을 내딛자.

한쪽 발을 풋홀드에 올렸다면 그 발로 딛고 일어서는 힘을 이용하여 단숨에 위쪽의 핸드홀드를 잡는다.

이때 아래쪽의 밀어 올리는 팔은 몸에 딱 붙여야 한다. 연습할 때는 겨드랑이 밑에 수건을 끼워놓고 그것이 떨어지지 않도록 꽉 누르려고 노력하면 효과적일 것이다. 그렇게 해야 팔의 힘뿐만 아니라 등(광배근)의 힘까지 활용하여 좀 더 먼 홀드를 잡을 수 있다.

오른손으로 홀드를 잡을 경우

오른손을 뻗어 홀드를 잡을 때는 오른발의 일어서는 힘을 이용한다.

왼손으로 홀드를 잡을 경우

왼손도 마찬가지. 왼손으로 홀드를 잡을 때는 왼발을 높이 디디는 것이 기본이다.

> 좀 더 자세히!

memo ✎

인사이드 스텝의 2지점 무브

인사이드 스텝의 2지점은 기본 중의 기본으로 무척 중요하다. 따라서 좀 더 자세히 알아보자. '오른손을 뻗을 때는 오른발', '왼손을 뻗을 때는 왼발'이라는 원칙을 이해했다면 이제 무게중심을 의식해보자.

아래 사진을 보자. 양발 한가운데에 무게중심이 있으면 왼발을 풋홀드에서 뗄 수 없다. 그러므로 사진처럼 오른쪽 풋홀드 위로 중심을 옮겨서 일어선다.

출발 후 세 번째 동작. 오른쪽 위의 도착점을 잡고 싶지만 너무 멀다. 오른발로 홀드를 딛고 일어나야 손이 닿을 것 같다.

이 발을 떼어야 한다.

양발로 홀드를 밟고 있어서 손이 닿지 않는다.

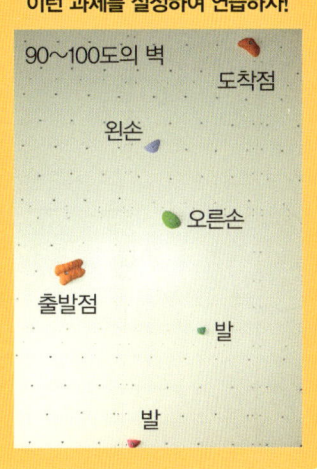

이런 과제를 설정하여 연습하자!

90~100도의 벽
도착점
왼손
오른손
출발점
발
발

↓

오른발 딛기도 중요하다. 단순히 디디는 것이 아니라 발가락으로 홀드를 거머쥐듯 감싼다.

→

왼손은 확실히 고정시킨다.

중심을 오른쪽으로

→

일단 이 부근으로 왼발을 이동시킨다.

부드럽게 중심을 이동하며 동작을 연결시키는 것이 중요하다. 엉덩이는 오른쪽으로 가져와서 오른발 뒤꿈치 위에 붙인다.

왼발은 벽을 탁탁 치며 위로 전진한다. 왼쪽에서 오른쪽으로 미끄러지듯 허리를 옮기며 중심을 이동시킨다. 이때 벽에서 허리가 떨어지지 않도록 무릎을 벌어진 자세를 견고하게 유지한다.

이 무브를 마스터하는 요령!
다음 홀드(사진에서는 오른손으로 잡은 홀드)를 잡고 나서 되돌아가는 것도 훈련이 된다. 우선은 목표 홀드를 잡고 나서 두 발이 어디쯤 있는지를 확인하자.

아웃사이드 스텝

볼더링에서 인사이드 스텝만큼 많이 쓰는 기본자세로, 오버행에서 특히 유용하다. 클라이머로서의 역량을 뽐낼 수 있는 멋진 동작이다.

이것은 몸통을 비틀어 팔의 힘을 절약하는 기술이다. 인사이드 스텝에서 팔을 완전히 구부려서 위로 높이 전진하는 것에 비해, 이 기술을 활용하면 팔꿈치를 거의 구부리지 않고도 높이 전진할 수 있다. 우선은 엉덩이에서 머리까지 이어진 선을 축으로 삼고 그 축을 비튼다(걸레를 짜듯). 상체를 최대한 비트는 것이 중요하다.

가령 오른손으로 다음 홀드를 잡아야 하는데 손이 잘 닿지 않는다면 오른쪽 허리를 벽에 붙인다. 반대로 왼손으로 홀드를 잡으려 한다면 왼쪽 허리를 벽에 붙인다. 즉 오른손으로 홀드를 잡으려면 오른쪽 어깨를 올리고 왼쪽 어깨를 내리면서 몸을 비트는 것이다.

아웃사이드 에지로 풋홀드를 딛는 연습을 해보았다면 이 동작을 쉽게 이해할 것이다. 단, 실제 볼더링에서는 아웃사이드가 아닌 인사이드 에지로 선 채 몸통만 비트는 경우도 많다. 아웃사이드 스텝은 벽의 경사가 심해질수록 유용한 무브로, 이를 통해 많은 힘을 절약할 수 있다.

허리 오른쪽을 벽에 붙이며 몸통을 비튼다.

인사이드 스텝과 마찬가지로 오른손을 뻗기 전에 오른발을 딛는다.

해보자!

풋홀드를 정확히 확인할 것

memo

**균형 잡힌 등반의 기본은 풋워크 –
손뿐만 아니라 발로도 홀드를 잡는 감각을 기억하라**

상반신의 힘에만 의존하느라 힘들게 퍼덕거리며 등반을 하는 사람이 있다. 이렇게라도 끝까지 오를 수만 있다면 문제는 없다. 그러나 그런 방식에는 한계가 있다. 상급자는 누구나 절묘한 풋워크를 구사한다. 그러므로 초보일 때부터 손과 팔의 힘뿐만 아니라 풋워크를 의식하면서 등반하는 습관을 들이는 것이 좋다.

풋홀드를 꼼꼼히 살펴보고 최적의 위치에 발을 디딘다. 디딘 후에도 발끝으로 풋홀드를 움켜쥐는 감각에 집중할 것. 초보는 손끝에만 집중하기 쉽지만, 실력이 늘수록 발의 감각까지 의식하게 된다.

아웃사이드 스텝의 기본

아웃사이드 스텝의 기본 원칙은 '오른손으로 홀드를 잡으려면 오른쪽 허리를 벽에 붙이고 왼쪽을 본다. 왼손으로 홀드를 잡으려면 왼쪽 허리를 벽에 붙이고 오른쪽을 본다'이다. 이해를 돕기 위해 출발점의 동작을 생각해보자. 땅에 서서 출발점을 두 손으로 잡았다가 오른쪽 위의 홀드를 잡으려고 하는데 풋홀드가 왼쪽 아래에 하나밖에 없다면? 몸을 옆으로 틀어 그 홀드를 오른발의 새끼발가락 쪽으로 디디고 오른팔을 위로 뻗어서 홀드를 잡으면 된다. 이때 오른쪽 무릎은 왼쪽을 향하게 하고 무릎과 허벅지 바깥쪽은 벽에 붙인다. 또 스타트 홀드를 잡은 왼손으로 몸을 휘감듯 하면서 오른발을 축으로 삼아 몸통을 회전시킨다. 왼발은 풋홀드가 있으면 왼쪽으로 뻗듯 디디고 풋홀드가 없다면 벽에 붙인다.

> **홀드가 오른손이라면 오른쪽 허리를,
> 왼손이라면 왼쪽 허리를 벽에 붙이고 몸을 비튼다**

오른쪽 홀드를 잡을 때는 오른쪽 허리를 벽에 붙이고 왼쪽을 본다.

왼쪽 홀드를 잡을 때는 왼쪽 허리를 벽에 붙이고 오른쪽을 본다. 상체를 비틀면 왼손을 더욱 멀리 뻗을 수 있다.

트위스트

실력을 늘리는 데 꼭 필요한 무브. 볼더링의 화려한 발놀림, 몸놀림에 도전해보자.

트위스트는 아웃사이드 스텝이 진화한 기술이다. 앞에서는 아웃사이드 스텝이나 인사이드 스텝 중 아무것이나 써도 되는 쉬운 풋홀드를 예로 들었지만, 트위스트는 아웃사이드 에지를 적극적으로 써서 몸을 좀 더 강하게 틀어(twist) 회전력을 얻어야 할 때 사용하는 무브다. 오버행을 주로 오르는 현대의 클라이밍에 빼놓을 수 없는 동작으로, 이 무브를 얼마나 빨리 습득하느냐가 실력 향상 속도를 결정짓는다고 해도 과언이 아니다.

트위스트는 팔 힘을 절약하면서 다음 홀드를 잡는 기술로, 팔보다 힘과 지구력이 강한 등 근육을 이용한다.

실제로 도전해보았을 때 이 동작이 편하게 느껴진다면 실력이 그만큼 향상된 것이다. 드디어 팔 힘에만 의존하던 클라이밍을 졸업한 셈이다.

왼쪽 팔은 쭉 펴고 등 근육의 힘을 의식한다.

등 근육을 써서 몸을 비틀며 오른손을 위로 뻗는다. 오른쪽 허리는 벽에 붙인다.

아웃사이드 에지를 이용하여 오른발에 체중을 싣는다. 잘 버틸 수 있도록 발 근육의 힘도 효과적으로 활용한다.

왼발은 버티듯 옆으로 쭉 늘인다. 발끝을 벽에 붙이면 자세가 좀 더 안정되지만, 경우에 따라서는 공중에 늘어뜨린 채로 균형을 잡기도 한다.

트위스트의 연속 동작

오버행 등반의 기본 무브 중 하나. 한 번씩 전진할 때마다 몸을 비트는 방향을 바꾸며 올라간다. 등이나 발 등 큰 근육을 효율적으로 활용하므로 팔 힘이 약한 사람에게 더욱 유용하다.

트위스트 연습

이번에는 트위스트를 실제로 연습해보자. 새끼발가락 쪽만 사용하므로 사진(아래쪽)처럼 발의 엄지발가락 쪽에 색 테이프를 붙여 놓아도 떨어지지 않을 것이다.

첫 홀드를 오른손으로 잡기 위해 출발점 바로 아래 풋홀드에 오른발의 아웃사이드 에지를 딛고 몸을 오른쪽으로 끌어당긴다. 이때 오른쪽 무릎은 구부리고 왼발은 왼쪽으로 뻗어서 벽에 붙인다. 왼발을 풋홀드에 올려도 괜찮지만 나중에는 발을 떼야 한다. 그런 다음 허리 오른쪽이 최대한 벽에 붙을 수 있게 몸을 비틀며 일어나 오른손을 홀드에 뻗는다. 오른손으로 홀드를 잡았다면, 팔을 쭉 펴고 몸을 돌려 다시 벽을 마주 본다. 그리고 벽과 허리 사이에 공간을 띄운 뒤 발을 바꾼다. 이번에는 몸을 왼쪽으로 돌려 왼쪽 허리를 벽에 붙이고 오른쪽을 보며 왼손으로 홀드를 잡는다. 이런 과정을 반복하며 올라간다. 이 기술은 상급자에게 시범을 보여 달라고 해서 직접 보고 흉내 내는 것이 가장 효과적이다. 루트 설계까지 포함하여, 센터의 직원에게 도움을 요청하면 좋을 것이다.

포인트

memo

1. 한 번씩 전진할 때마다 발을 교차해 몸의 방향을 바꾸자.
2. 발을 교대할 때는 품을 띄워 풋홀드를 잘 확인한 뒤 발을 디딘다.
3. 홀드를 잡을 때는 팔을 쭉 펴고, 되도록 양손을 쓸 것. 즉 한 손의 힘만으로 몸을 끌어올리는 동작은 피해야 한다.

1. 오른발의 아웃사이드 에지로 홀드를 딛는다.

2. 일어섬과 동시에 허리의 오른쪽을 벽에 붙인다.

3. 오른손과 오른발을 일직선으로 만들어 자세를 유지한다.

4. 이번에는 왼손을 뻗어야 하므로 발을 바꾼다.

5. 왼손을 뻗을 때는 왼발로 균형을 잡는다.

6. 왼발의 아웃사이드 에지로 홀드를 딛는다.

7. 일어섬과 동시에 허리의 왼쪽을 벽에 붙인다.

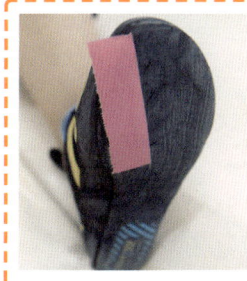

엄지발가락 쪽에 테이프를 붙여 놓고 새끼발가락 쪽으로만 딛으려고 노력하자.

쉽게 오르기 위한 무브의 기본 원칙 네 가지

1. 팔은 되도록 쭉 펼 것

철봉에 매달릴 때를 생각해보자. 팔을 펴고 매달리면 꽤 오래 버틸 수 있지만 팔을 구부리면 금세 떨어지고 만다. 마찬가지로 초보는 홀드를 잡자마자 팔을 구부리고 무릎을 펴기 쉽다. 홀드를 잡았으면 무조건 무릎을 구부리고 자세를 낮추어 팔을 쭉 편 채 매달려야 한다.

팔을 구부린 상태에서는 오래 버틸 수 없다.

무릎을 구부리고 자세를 낮추어 팔을 쭉 편 채로 다음 홀드를 잡는다.

홀드를 잡으면 팔을 더 늘여서 자세를 낮추어야 지치지 않는다.

그 자세를 유지하며 다음에 잡을 홀드를 확인하고 거리를 가늠한다.

일어서는 동시에 팔로 몸을 끌어올린다. 여기서 비로소 팔이 접힌다.

2. 품을 띄운 후 발을 옮길 것

'품'이란 가슴 및 허리와 벽의 간격을 말한다. 초보는 손을 다음 홀드로 이동시키는 데 급급해서 몸이 일자로 펴진 상태를 유지하기 쉽다. 그러면 어느 순간 발을 둘 곳이 없어져서 완력의 한계에 도달하고 만다. 그러므로 손을 옮기기 전에 팔을 쭉 늘여 품을 띄운 후 아래를 보며 풋홀드를 찾아야 한다. 그런 다음에 왼손 전에 왼발, 오른손 전에 오른발을 옮기고 다음 무브에 들어간다.

가슴이 벽에 닿을 정도로 달라붙으면 발이 보이지 않아 움직일 수 없다.

품을 띄우면 풋홀드가 잘 보인다.

해보자!

이 네 가지 동작을 부드럽게 연결하면서 오르는 것이 중요하다. 그러려면 이미 완등한 과제를 무브 이론을 생각하면서 천천히 다시 올라가보는 것이 효과적이다. 그러면 나중에는 그때의 무브를 정확히 수행하여 더 어려운 과제를 오를 수 있게 된다.

3. 무브에 들어가면 허리를 벽에 붙이고 몸을 뒤로 젖힐 것

다음 홀드를 붙잡기 위해 풋홀드를 성공적으로 디뎠다면 슬슬 무브에 들어간다. 어떤 무브든, 이때는 허리를 벽 쪽으로 조금 더 끌어당기고 다리의 일어서는 힘을 충분히 이용하면서 몸을 뒤로 젖히듯 위를 향하는 것이 좋다. 또 무브 도중에 무릎을 안쪽으로 비틀면 허리가 벽에서 멀어지기 때문에 다음 홀드를 잡기 어려워진다. 등반하고 나면 무릎 안쪽에 멍이 드는 회원이 종종 있는데, 이것은 무브 도중에 무릎이 자꾸 앞으로 튀어나오기 때문이다. 그 습관을 고치지 않으면 실력이 향상되지 않는다.

무릎이 앞으로 튀어나오면 허리가 벽에서 멀어져 멀리 떨어진 홀드를 잡기 어렵다. 그뿐만 아니라 풋홀드도 안정적으로 딛지 못하므로 팔에 체중이 너무 많이 실린다.

허리를 벽에 붙이고 몸을 뒤로 젖혀야 먼 곳까지 손이 닿는다.

4. 되도록 두 손으로 홀드를 잡을 것

무브 도중에 한 손으로만 매달리게 되었다면, 이전의 홀드로 되돌아가서라도 한 손에 체중이 실리는 시간을 최소화해야 한다. 잡을 곳을 찾기 어렵다면 하나의 홀드를 양손으로 잡아도 되고('매치 그립', 속칭, '합손'이라고 부름) 다른 한쪽 손을 위에서 가져와 합쳐도 좋다.

오른손을 너무 빨리 뗀 탓에 왼손만으로 무브를 이어나가고 있다. 한 손에만 체중이 실려서 팔 힘을 많이 소모하게 된다.

한 손으로 매달리는 시간을 되도록 줄여야 한다.

Climbing Talk

볼더링을 아이도 할 수 있을까?

글. 잭 나카네

볼더링은 건장한 남성보다 오히려 여성에게 유리한 스포츠라 할 수 있다. 물론 힘이나 순발력은 남성이 좋겠지만 작은 홀드에 매달리거나 균형이 필요한 무브에서는 여성이 진가를 발휘한다. 그래서 볼더링을 함께 시작한 커플이지만 여성의 진도가 더 빠른 경우가 많다.

물론 어린이도 볼더링을 충분히 즐길 수 있다. 그러나 몸에 부담이 꽤 가는 스포츠인데다 진짜 재미를 이해하려면 초등학교 3~4학년은 되어야 할 듯하다. 어쨌든 처음에는 센터 내 강습이나 클라이밍 강좌에 참여하는 등, 클라이밍을 제대로 아는 지도자의 도움을 받아 훈련을 시작하는 것이 좋다.

혹은 일단은 부상을 입지 않는 범위 내에서 놀이처럼 즐기며 장래를 기약하는 것이 좋을지도 모르겠다. 또, 센터에 따라서는 어린이는 반드시 보호자를 동반하게 되어 있는 경우도 있으니 방문 전에 미리 확인하기 바란다.

3

다양한 응용 무브를 배우자

기본 무브를 배웠으니 이제 다양한 응용 무브를 배워보자.
기술이 늘면 전에는 전혀 오를 수 없었던 과제를 갑자기 완등하게 될지도 모른다.

인사이드 플래킹

발을 바꾸지 않고 전진하는 기술. 더 먼 홀드에 손이 닿는 효과도 있다.

2장에서 소개한 '인사이드 스텝'과 '아웃사이드 스텝'에서는 '오른손을 뻗을 때는 오른발을 딛는다'는 것이 원칙이었다. 그러나 항상 적당한 위치에 풋홀드가 있는 것은 아니다.

그럴 때 효과적인 기술이 '플래깅'★이다. 인사이드 플래깅은 체중이 실린 발의 안쪽으로 다른 발을 통과시켜 발 바꾸기를 생략하는 무브다. 딛고 있는 풋홀드가 너무 작거나 몸의 균형이 안 맞을 때, 혹은 발 바꿈이 많아지면 미끄러질 것 같을 때에 활용해보자.

특히 손으로 잡고 있는 홀드가 사이드 풀 또는 언더인 데다 다음번에 먼 홀드를 잡아야 할 경우, 인사이드 플래깅을 이용하면 팔을 멀리 뻗을 수 있으니 꼭 한번 시도해보자.

인사이드 플래깅은 잘만 구사하면 무척 안정적인 동작이라 그 자세로 휴식이 가능할 정도다. 동작을 잠시 멈추고 홀드를 찾을 때도 쓸 수 있을 만큼 균형 잡힌 자세다.

참고로, 이 기술은 풋홀드를 딛지 않은 한쪽 발을 휘두르는 모습이 깃발을 흔드는 듯 보인다고 해서 '플래깅'(flagging)으로 불린다. 프랑스에서도 깃발을 의미하는 말인 '드라포'(drapeau)로 부른다. 또, 라인댄스의 일종인 프렌치 캉캉 춤과 발 동작이 비슷하다고 해서 '캉캉'이라고 부르는 사람도 있다. 일부 클라이머는 이 동작을 '발을 버린다'고 표현하기도 한다.

인사이드 플래깅 예(1)

원래는 다음번에 왼손을 뻗기 위해 홀드 위의 오른발을 왼발로 바꾸어야겠지만.

★ 우리나라에서는 흔히 양쪽의 균형을 잡는다는 의미에서 '카운터 밸런스(counter balance)'로도 불린다.

인사이드 플래깅 예(2)

왼쪽 멀리에 있는 언더 홀드(보라색)를 잡은 후 인사이드 플래깅을 활용하여 맨 위의 녹색 홀드를 잡을 예정.

해보자!

memo ✏️ 자신의 팔 길이를 알아두자

우선 가벼운 오버행(100~110도의 경사)에서 오른편 가슴 높이쯤에 있는 쉬운 홀드를 찾아서 잡자. 풋홀드는 무릎쯤 오는 것 중 안정적으로 보이는 것을 딛는다. 그 상태에서 왼손이 어디까지 닿는지를 다양한 무브를 통해 시험해보자. 아마도 인사이드 플래깅을 활용할 때 가장 멀리까지 닿을 것이다. 벽의 눈금 등을 참고하여 자신의 손이 얼마나 멀리까지 닿는지 측정하고 기억하자.

수직 벽이나 오버행 등 다양한 경사에서 팔 길이가 어떻게 달라지는지도 알아보자.

플래깅에서는 왼발을 안쪽으로 교차시켜 오른쪽 다리에 왼쪽 다리를 휘감듯 하며 균형을 잡는다.

자세가 안정되면 출발점인 주황색 홀드에서 파란색 슬로퍼 홀드로 왼손을 신속히 이동시킨다.

플래깅을 해제하면 곧바로 평소의 안정된 자세(왼손·오른발 2지점)로 돌아간다.

원래는 분홍색 홀드 위의 왼발을 오른발로 바꾸는 것이 정석이지만 플래깅을 써서 시간과 에너지를 절약할 것이다.

일어서서 왼쪽의 언더 홀드를 잡은 후 오른발을 왼발 안쪽으로 통과시켜 균형을 잡는다. 오른발의 아웃사이드 에지를 벽에 가볍게 붙이면 자세가 더 안정된다.

플래깅 자세에서 오른손을 신속히 이동한다. 평소와는 반대쪽의 발로 풋홀드를 딛고 있지만 자세가 안정된 것을 알 수 있다.

인사이드 플래깅 스타트

발 바꾸기를 생략하여 부드럽게 출발한다.

출발점에서 오른손을 뻗어 첫 홀드를 잡고 그 다음에 왼손을 뻗어 두 번째 홀드를 잡을 경우를 생각해보자. 이때 만약 첫 홀드가 모양이 나빠서 발 바꾸기나 아웃사이드 플래깅을 실시할 수 없다면 '인사이드 플래깅 스타트'를 고려해보자.

이는 처음에 오른쪽 홀드를 잡았는데도 일부러 왼발을 풋홀드에 디딘 다음, 오른발을 왼발 안쪽에서 벽을 스치듯 교차시킨 뒤 프렌치 캉캉 댄서처럼 발을 들어 올려 발등을 벽에 붙이고 다음 홀드를 잡는 기술이다. 그러면 왼발이 이미 풋홀드에 올라가 있으므로 오른손으로 홀드를 잡은 후 오른발을 평소 위치로 돌려주기만 하면 왼손을 즉시 이동할 수 있다.

이는 인사이드 플래깅의 한 형태에 불과하지만, 훈련을 위해 이렇게 스타트하는 연습도 한번 해보기 바란다.

일반적인 스타트

처음에 오른손을 뻗을 예정이므로 오른발을 디디는 것이 정석이다.

인사이드 플래깅 스타트

두 번째 홀드를 잡을 때의 힘 소모를 낭비를 되도록 줄이고 싶다면 인사이드 플래깅 스타트를 활용해보자.

해보자!

memo — 루트 관찰

인사이드 플래깅 스타트를 하려면 두 번째까지의 풋홀드를 잘 보고 어디에 어느 쪽 발을 디딜지 미리 판단할 필요가 있다. 이렇게 오르기 전에 무브를 미리 생각하는 것을 '루트 관찰'이라 한다. 마구잡이로 오르다가 과제 도중에 한계에 부딪히지 않으려면 루트 관찰이 반드시 필요하다.

그런 의미에서, 인사이드 플래깅 스타트는 루트 관찰 훈련의 첫걸음이기도 하다.

오른손·오른발로 균형을 잡는 전형적인 트위스트 동작으로 첫 홀드를 잡는다.

두 번째 홀드를 잡으려면 풋홀드 위의 발을 왼발로 바꾸어야 한다.

첫 홀드가 잡기 어려운 홀드일 경우 발을 바꾸다가 추락할 수 있다.

왼쪽 무릎 위에 오른쪽 다리를 휘감고, 서로 교차된 두 다리로 균형을 잘 잡자. 오른발 새끼발가락 쪽을 벽에 붙이면 자세를 조금 더 안정시킬 수 있다.

홀드를 잡은 다음 오른쪽 다리를 재빨리 풀어서 원래 위치로 되돌린다. 이로써 발 바꾸기를 생략하고 왼발과 왼손의 2지점을 확보한다.

인사이드 플래깅을 해제하는 동시에 뒤로 빠져 있던 허리를 끌어당겨 벽에 붙이고 왼손을 뻗어 홀드를 잡는다.

아웃사이드 플래깅

풋홀드가 없을 때도 이것만 활용하면 간단! 단, 힘 소모에는 주의할 것.

인사이드 플래깅과 마찬가지로, 왼손을 뻗어 홀드를 잡고 싶지만 왼발을 짚을 풋홀드가 없을 때, 혹은 그 반대의 경우에 쓸 수 있는 무브다. 특히 오버행의 트래버스에서 그 진가를 발휘한다.

왼발 풋홀드가 없을 경우, 왼발을 오른발 쪽으로 보내면(발을 버리면) 몸이 오른쪽으로 회전하지 않게 되어 오른손을 좀 더 안정적으로 움직일 수 있다. 즉 풋홀드를 딛는 대신 왼발을 허공에 늘어뜨려 몸 전체의 균형을 잡는 것이다. 글로 읽으면 어려워 보일지 모르지만, 사진을 참고하여 실제로 해보자. 의외로 쉽다고 느낄 것이다.

단, 이 기술은 힘을 상당히 소모하므로 정말로 필요할 때만 구사하여야 한다.

일반적인 등반 방식

양손으로 잡을 수 있는(매치) 홀드(사진의 보라색 홀드). 오른손으로 잡은 후 그냥 왼손을 합치면 몸이 균형을 잃고 추락한다.

오른손으로 잡은 홀드에 왼손을 합치고 싶을 때는 왼발로 균형을 잡는 것이 정석이다.

아웃사이드 플래깅

왼발을 플래깅하면 흔들림 없이 부드럽게 왼손을 매치할 수 있다.

오른손으로 잡은 홀드를 왼손으로 바꿔 잡은 다음 오른손으로 연두색 홀드를 잡고 싶을 때.

해보자!

한쪽 발로 올라본다

memo

효과가 가장 빠른 플래깅 훈련은 '한 발 플래깅 연습'이다. 가령 오른발만 풋홀드에 디디면서 등반한다고 하자. 오른손을 뻗을 때는 평소처럼 해도 괜찮지만 왼손을 뻗을 때는 플래깅을 쓰지 않고서는 전진하기가 어렵다.

처음에는 아무 풋홀드나 디딜 수 있는 과제 설정도 괜찮다. 단, 한쪽 발만 써서 오르는 것을 연습해보자. 이 방법은 58쪽에 등장하는 '사이퍼'(런지의 일종)를 연습하는 데에도 매우 효과적이다.

이 사진의 과제에서는 홀드 위의 오른발을 왼발로 바꾸기가 어렵다.

이때 중요한 것이 왼발의 위치인데, 이 사진처럼 움직이면 균형이 깨진다.

균형을 잃고 추락. 이럴 때 아웃사이드 플래깅이 효과적이다.

오른발이 올라가 있는 홀드가 너무 높아서 발을 왼발로 바꿀 수 없다. 그래서 오른발로 체중을 분산하기 위해 왼발을 오른쪽으로 뻗는다.

왼발을 오른쪽으로 최대한 뻗어 무게중심을 오른손 밑으로 이동시키면 몸에 균형이 잡힌다. 이때 오른쪽 무릎은 밖으로 벌리고 허리는 벽에 바싹 붙인다.

오른손으로 단단히 고정하여 중심을 유지한 채 왼손을 재빨리 움직인다. 이때 상당한 힘이 소모되므로 이 무브는 꼭 필요할 때만 구사한다.

드롭 니

힘을 쓰지 않고도 몸을 고정할 수 있는 무브. 클라이밍 센터에서 특히 많이 쓰인다.

핸드홀드를 잡기 어려운 쪽의 발을 안쪽으로 비틀어 몸을 고정시키는 기술이다. 몸이 고정되므로 힘이 없어도 손을 뻗기 쉽고 힘도 절약된다.

드롭 니는 홀드가 툭 튀어나와 있는 클라이밍 센터에서 특히 자주 쓰이는 기술이다. 반대로 야외 암벽에서는 그다지 자주 쓰이지 않는다.

단, 무릎에 상당한 부담을 주는 동작이므로 너무 의존하지 말고 꼭 필요할 때만 쓰도록 하자.

해보자!

드롭 니로 몸을 고정시킨다

처음부터 능숙하게 드롭 니를 구사하기는 어렵다. 일단은 과제에 얽매이지 말고 드롭 니를 쓸 만한 곳을 찾아보자. 가능하면 경사 110~120도 정도의 오버행에서 드롭 니가 필요할 듯한 곳을 찾자. 크고 쉬운 홀드라도 괜찮다. 드롭 니를 써서 몸을 고정시키는 감각을 일단 파악하는 것이 중요하다.

얕은 드롭 니

이 기술은 드롭 니의 일종으로 볼 수도, 트위스트의 현실적 형태로 볼 수도 있다. 어쨌든 능숙한 클라이머들은 이 무브를 자연스럽게 자주 쓴다.

아웃사이드 스텝으로 오르면서 홀드를 잡을 때 발과 몸통을 가볍게 비트는 것이 포인트다. 이 역시 팔뿐만 아니라 다리와 등의 힘을 함께 씀으로써 등반을 좀 더 수월하게 만드는 기술이다.

트위스트의 현실적인 형태로, 야외 암벽에서도 매우 효과적이다.

타이밍이 중요하므로 처음에는 느린 동작으로 요령을 습득하자.

3지점의 균형을 의식한다.

발을 아웃사이드 에지로 바꾼다. 방향을 신속히 돌리는 것이 중요하다.

발을 돌리는 동시에 몸통을 비틀며 일어나 오른손으로 홀드를 잡는다.

힐 훅 ①

한 손을 떼었을 때 몸이 돌아가는 것을 방지하는 힐 훅.

오버행에서 좌우 마주 보는 사이드 풀을 붙잡고 있다가 한 손이 떨어지면 몸이 회전하여 추락할 때가 있다. 이것을 방지하는 데에는 힐 훅이 효과적이다. 힐 훅은 손 대신 발로 홀드를 붙잡아 몸이 바깥쪽으로 돌아가는 것을 방지하는 기술이다. 손의 역할을 해야 하므로 발을 약간 높은 위치에 두되 홀드를 잡은 손과 간격을 두어 함께 당기는 힘을 만들어내는 것이 중요하다.

발과 무릎을 최대한 벽에 붙인 채 옆쪽에서 훅을 거는 것이 효과적이다. 또, 무릎을 최대한 구부려야 손과 함께 당기는 힘이 강해진다.

칸테에서는 훅을 많이 사용하게 된다. 루트 관찰로 루트를 미리 정해놓고 물 흐르듯 진행하자.

홀드 형태를 되도록 빨리 파악하여 슈즈의 힐이 딱 들어맞는 각도로 훅을 걸어야 한다. 그래야 자세가 안정되어 다음 홀드를 잡을 수 있다.

왼발로 몸을 끌어당겨 허리가 벽에 붙으면 재빨리 왼손을 뻗는다. 이처럼 발을 손처럼 활용하면 안정된 무브를 구사할 수 있다.

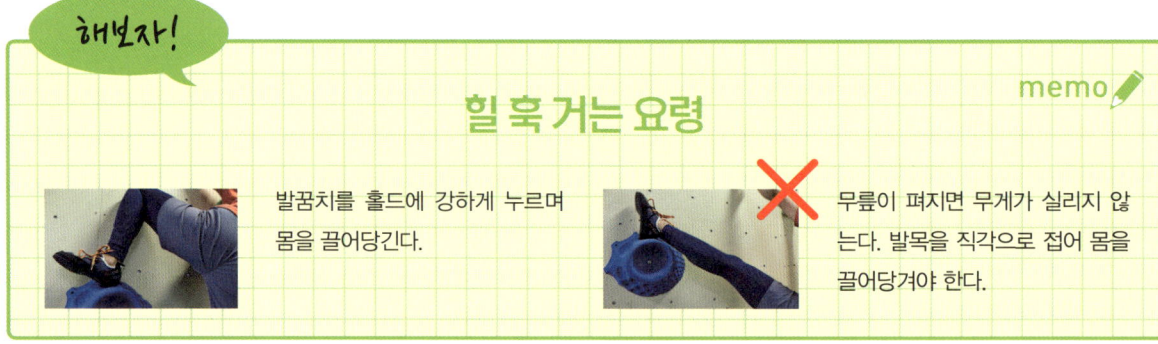

해보자!

힐 훅 거는 요령

발꿈치를 홀드에 강하게 누르며 몸을 끌어당긴다.

✗ 무릎이 펴지면 무게가 실리지 않는다. 발목을 직각으로 접어 몸을 끌어당겨야 한다.

힐 훅 ②

체중을 발로 지탱하고 몸을 끌어당기는 힐 훅.

루프의 출구나 급경사의 오버행에서는 힐 훅에 체중의 절반만 분산시켜도 무브가 한결 편해진다. 힐에 발과 엉덩이 등 하반신의 무게를 싣는 것이 중요하다. 힐 훅을 건 뒤에는 발꿈치를 홀드에 강하게 눌러서 충분한 압력을 주고, 슈즈 뒤꿈치의 마찰력을 최대한 활용해야만 무브를 원활하게 구사할 수 있다.

초급자는 대부분 발꿈치가 걸린 상태에서 발을 당기거나 비틀려고 한다. 그러면 발꿈치가 슈즈 속에서 틀어져서 훅이 풀려버린다. 힐 훅이 제대로 걸렸다면 다음 홀드를 잡기 위해 몸을 끌어올려 무게중심을 위로 이동시켜야 한다. 허벅지 안쪽과 무릎 안쪽, 장딴지 근육을 총동원하여 엉덩이를 훅이 걸린 발꿈치 쪽으로 최대한 당기자. 무릎은 완전히 구부리고 발끝이 앞을 보도록 한다.

디딜 곳을 잘 확인하고 발을 올린다. 홀드의 작은 요철까지 면밀히 살펴보고 발꿈치를 걸어야 한다.

훅이 걸렸다면 발로 몸을 끌어당겨서 몸을 위로 이동시키고 다음 홀드를 잡는다.

제대로 걸린 힐 훅을 철저히 이용하자. 다음 홀드를 잡는 데에는 플래깅도 효과적이다.

이렇게 무릎이 펴지면 그저 홀드 위에 발이 올라가 있을 뿐, 훅에 힘이 실리지 않는다.

토 훅

슈즈 밑창이 아닌 부분을 홀드에 갖다 대는 독특한 무브.

토 훅은 말 그대로 발가락 윗부분을 홀드에 갖다 대는 것으로, 무브 자체의 명칭이지만 토 훅이 필요한 무브의 총칭으로 쓰이기도 한다. 엄밀히 말하면 발끝 부분을 거는 '토 훅'과 발등의 넓은 면적을 거는 '발등 훅'은 서로 다른 기술이다. 둘을 혼동하여 쓰기도 하지만 나누어 해설하는 편이 이해와 훈련에 도움이 될 듯하다.

토 훅은 몸의 흔들림을 잡는 데에 특히 효과적이다. 칸테나 볼륨 홀드의 뒤쪽에 있는 홀드, 멀어서 힐 훅이 닿지 않는 홀드에는 토 훅을 한번 써보자. 토 훅에서는 슈즈 안에서 발가락을 꺾어 올리듯 하여 걸리는 부분을 만드는 것이 중요하다. 훅이 걸리는 위치는 엄지발가락과 검지발가락 사이의 뿌리 부분이다. 이곳이 중심에 오도록 하면 훅을 조정하기가 쉬워진다.

발가락이 아래쪽을 향해 있는 다운 토 슈즈나 발에 비해 너무 작은 슈즈를 신으면 발가락이 젖혀지지 않아 토 훅을 걸 수 없다.

왼손으로 잡은 칸테 안쪽의 홀드에 토 훅을 걸 것이다. 홀드의 모양을 확인하고 올라가자.

왼손으로 위쪽의 노란색 홀드를 잡고 오른발로 노란색 풋홀드를 밟는다.

칸테 안쪽의 홀드에 토 훅을 건다. 발끝을 당기듯이 힘을 주면 자세가 안정된다.

토 훅을 건 왼발로 몸을 지탱하면서 왼손을 떼고 다음 홀드를 잡는다.

발등 훅

루프에서 고드름 모양의 홀드를 잡을 때 효과적인 무브.

큰 슬로퍼 홀드와 볼륨 홀드, 칸테 안쪽 벽면의 홀드에 훅을 걸고 싶을 때는 발등 부분까지 넓게 활용하는 것이 효과적이다. 단, 발등까지 쓰면 토 훅보다 무게가 더 많이 실려 풀었을 때 몸이 흔들릴 수 있으니 주의하자.

그러나 수평에 가까운 벽에 매달려 있으면서 고드름처럼 생긴 홀드를 좌우 발 사이에 끼워서 버티거나, 루프의 출구 쪽으로 발을 먼저 보내 몸을 당길 때에는 이 방법이 효과적이다. 이렇게 양발을 동시에 써서 밀고 당기는 힘으로 버티는 기술을 '더블 토 훅'이라고 말하기도 한다.

또, 손이 미끄러지는 슬로퍼 홀드를 누르거나 그 위에 두 손을 합치고 싶을 때도 한쪽 발로 아래쪽 홀드에 훅을 걸어 손으로는 밀고 발등으로는 끌어당기는 반대 방향의 힘을 이용하면 버티기 쉬워진다.

토 훅이나 발등 훅을 무릎을 쭉 펴서 거는 사람이 많지만, 가까운 곳의 홀드라면 무릎을 구부려서 복근을 이용하는 것이 더 효과적이다. 허벅지를 강하게 끌어당길수록 더 강한 힘을 받게 되니 한번 도전해보자.

오버행을 하는 벽에서 아래쪽 홀드를 발로 좁게 딛게 될 때에는 발등 부분을 사용한 훅이 더 효과적이다.

해보자!

정강이 근육을 쓸 것

memo

토 훅은 발가락을 꺾어 올려 당기듯이 걸어야 효과가 있다. 이때는 정강이 앞쪽의 근육이 쓰이지만, 평소에 잘 쓰이지 않는 근육이라서 힘들어하는 사람이 종종 있다.

그렇다면 60~70리터들이 주전자나 높이가 1미터 정도 되는 박스 밑에 발등을 집어넣어서 발로 들어 올리는 연습을 해보자. 손은 주전자와 박스가 넘어지지 않도록 지지하는 역할만 한다. 발끝을 제대로 꺾어 올리지 않으면 물건이 금세 떨어질 것이다.

이 훈련을 하다 보면, 무거운 물건을 들 때나 토 훅을 걸 때나 똑같은 근육이 쓰인다는 것을 알게 될 것이다.

발끝을 몸 쪽으로 당기듯 걷다.

홀드에 갖다 대기만 해서는 효과가 전혀 없다.

데드 포인트

순간적 무중력 상태를 이용하여 다음 홀드를 재빨리 잡는 기술.

물체를 위로 던지면 제일 높은 곳이면서 물체가 잠시 정지하는 순간이 있다. 이와 마찬가지로, 몸을 확 끌어당겨 중력과 힘이 균형을 이룬 순간을 이용하여 재빨리 홀드를 잡는 기술이 데드 포인트다. 예전에는 상급자의 전유물이었지만 지금은 볼더링에 없어서는 안 되는 기술이 되었다.

데드 포인트와 다이노의 다른 점은, 다이노에서는 발로 강하게 차며 위로 뛰어오르는 것에 비해 데드 포인트는 뛰지 않으면서 동작 중에 잠시 무중력이 되는 순간을 이용하여 홀드를 잡는다는 것이다. 가능하면 양발로 풋홀드를 디딘 채 진행하는 것이 바람직하며, 적어도 한쪽 발은 풋홀드를 딛고 있어야 한다.

데드 포인트에 실패하는 사람(특히 여성)은 양손으로 잡아당겨 몸이 정점에 달한 뒤 중심이 추락하기 시작한 다음에야 손을 놓는 경우가 대부분이다. 정점에 도달하기 직전에 손을 놓고 재빨리 다음 홀드를 잡는 것이 중요하다.

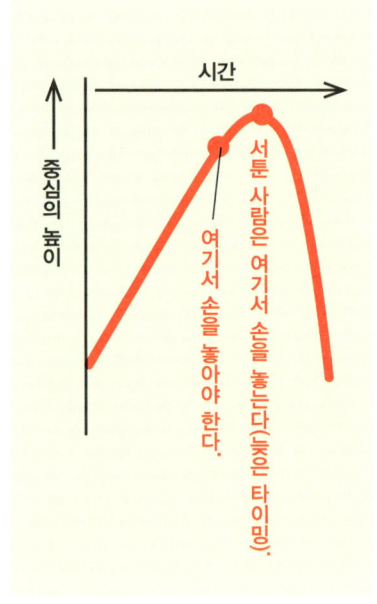

발을 높이 올려 한쪽 발로 딛고 일어서는 데드 포인트

왼발을 미리 높은 곳에 올려두어 힘을 최대한 많이 모은다.

왼발로 풋홀드를 차며 체중을 왼발에 싣는다.

위로 올라가는 힘과 뒤로 끌어당기는 힘이 균형점에 달하기 직전에 손을 뻗어 홀드를 잡는다.

두 발은 그대로 두고 몸을 확 펼치는 데드 포인트

데드 포인트는 몸의 탄성을 이용하는 기술이므로 발은 약간 높은 곳에 미리 올려둔다.

팔을 펴고 무릎을 깊이 구부려 쪼그려 앉은 자세로 힘을 모은다.

벽을 몸에 붙인 다음 허리가 다시 뒤로 빠지기 전에 손을 뻗어야 한다. '허리를 앞으로 집어넣는' 느낌을 기억하자.

해보자!
memo
한 손 등반 연습

데드 포인트 연습에는 '한 손 등반'이 최고다. 어디까지나 최적의 타이밍을 몸에 익히는 것이 목적이므로, 수직 벽 또는 100도 정도의 완만한 오버행에 설정된 쉬운 과제에서 실시해도 괜찮다. 한 손은 등 뒤에 두르고 오른손만, 혹은 왼손만으로 등반을 해보자. 단, 손가락을 다치지 않도록 미리 테이핑을 해두는 것이 좋다.

옆에서 보면

옆에서 보면

확 끌어당겨서 몸이 벽에 붙었을 때 손을 뻗는 것이 요령.

다이노*

볼더링의 대표 무브. 스윙과 날아오르는 타이밍을 익히자!

런지는 뛰어서 덤벼들어야 손이 닿는 홀드를 잡는 기술이다. 데드 포인트와 달리, 발로 풋홀드를 강하게 차고 뛰어올라야 하므로 일단은 무릎이 충분히 구부러지는 높이의 풋홀드를 디디고 있어야 한다. 또, 데드 포인트와 마찬가지로, 반동을 잘 활용해야 좀 더 멀리 닿을 수 있다.

기본은 역시 '하나, 둘, 셋!' 하고 몸을 앞뒤로 흔든(스윙) 뒤 뛰어오르는 동작이다. 제자리멀리뛰기를 생각해보면 알겠지만, 반동 없이 뛰어오르기란 매우 어려운 일이다. 잡고 있는 홀드가 너무 작거나 미끄러워서 반동을 충분히 줄 수 없을 경우라도, 최대한 스윙을 하고 타이밍을 맞추면 성공할 수 있다. 뛰어오를 때는 거리에 약간 여유를 두고 뛰어올라서 목표 홀드를 잡을 때 팔꿈치가 약간 구부러지는 것이 좋다. 조금이라도 더 높이 뛰어야 안정적으로 홀드를 잡을 수 있기 때문이다.

풋홀드에 한쪽 발밖에 디디지 못했을 경우에도, 공중에 뜬 발을 강하게 흔들어 올려서 힘을 보태면 다이노에 성공할 수 있다.

런지 예 (1)

일단 중심을 낮춰 힘을 최대한 모은다. 몸을 너무 여러 번 오르락내리락하지 않는 것이 좋다.

★ 아예 두 손과 두 발을 다 떼고 점프하여 홀드를 잡는 기술이 'dynamic lunge'다. 이를 줄여서 흔히 '다이노'라고 부른다.

런지 예 (2) 사이퍼

다리의 무게로 반동을 주어 높이 뛰어오르는 기술인 '사이퍼'는 가장 현대적인 무브에 속한다.

해보자!

제자리 뛰기로 접촉 근력을 강화한다

memo

다이노는 뛰어올라 먼 홀드를 잡을 뿐만 아니라 그 홀드를 꽉 움켜쥐어 자세를 안정시켜야 하는 기술이다. 이렇게 홀드를 재빨리 잡아채서 단단히 고정시킬 때 필요한 손가락의 근력을 접촉 근력(contact strength)이라고 한다. 다이노에 자꾸 실패하는 사람은 이 근력부터 강화해야 한다.

그 훈련으로 효과적인 것이 '제자리뛰기'다. 매트 위에 선 채로 약간 멀리 있는 홀드를 뛰어서 잡아보는 것이다. 한쪽 손으로 얼굴보다 낮은 높이의 홀드를 잡고 뛰거나 양손을 들고 뛰는 등 조건을 바꿔가며 연습하다 보면 요령이 생길 것이다.

모은 힘을 단숨에 방출하듯 몸을 쭉 펼친다. 이 처음의 속도가 중요하다.

벽과 평행이 된 시점에서 풋홀드를 강하게 차고 뛰어오른다.

마지막까지 집중력을 발휘하여 목표 홀드를 꽉 붙잡는다.

오른쪽 다리를 크게 흔들어 힘을 모은다. 이 스윙이 클수록 먼 거리를 뛸 수 있다.

목표 홀드 쪽으로 올라가는 오른쪽 다리의 원심력을 이용하여 뛰어오른다.

다리의 스윙과 날아오르는 타이밍을 잘 조합해야 성공할 수 있다.

맨틀링

맨틀링은 야외에서 볼더링을 할 때 반드시 필요한 최종 동작이다.

특히 여성이나 초급자는 힘들게 핵심부를 다 오르고도 맨틀에서 막히는 경우가 많다. 그런데도 맨틀링의 상세한 방법이나 기술을 다룬 입문서는 거의 없다. 실내 센터에서 슬랩만큼이나 보기 힘든 것이 맨틀이지만, 여기서는 볼륨 홀드 등을 이용하여 센터에서도 할 수 있는 맨틀링 연습법을 소개한다.

야외에서는 기어오르는 동작이 필수이니 인공 벽에서도 최대한 연습해둘 것.

기본 맨틀링

발을 능선 위쪽(슬랩 면)에 올린다.

❂ 배를 붙이지 않는다

능선 위쪽의 슬랩에 배를 붙이고 매달리면 뒤로 주르르 미끄러진다. 손목을 안으로 넣어 맨틀링 자세를 취했다면 가슴을 뒤로 젖히듯 펴서 벽과 몸을 떨어뜨리는 것이 중요하다.

힐 훅을 활용한 맨틀링

발끝을 능선 위에 올릴 수 없다면 발꿈치를 건다.

몸을 단숨에 끌어당겨 오른발로 일어선다.

손목을 돌려 핸드홀드를 밑으로 누른다.

팔을 펴서 버팀대로 활용한다.

발이 어긋나지 않도록 주의하며 팔을 끌어당긴다.

몸이 올라옴과 동시에 발 방향을 바꾼다.

마지막에는 발끝으로 딛고 일어선다.

🧗 맨틀링의 기본은 무릎 벌리기

맨틀링에 성공하려면 무릎을 좌우로 벌려서 팔자걸음 자세로 홀드를 디뎌야 한다. 발끝을 허벅지 안쪽으로 비틀어 기어오르려다 보면 최악의 자세, 즉 높이뛰기의 벨리롤* 자세로 추락하기 쉽다. 또 무릎과 허벅지 안쪽을 홀드에 밀착시키는 것은 더 나쁘다. 아래 사진(오른쪽)처럼 신발 측면을 암벽에 갖다 붙여 발바닥이 훤히 보이는 상태가 되면 남은 일은 추락뿐이다. 맨틀링에 실패하는 것은 대부분 이처럼 다리를 안쪽으로 비틀어 슈즈의 측면으로 인사이드 스텝을 밟기 때문이다. 어떻게든 발끝으로 홀드를 디뎌 팔자걸음 자세로 돌아가야 한다.

 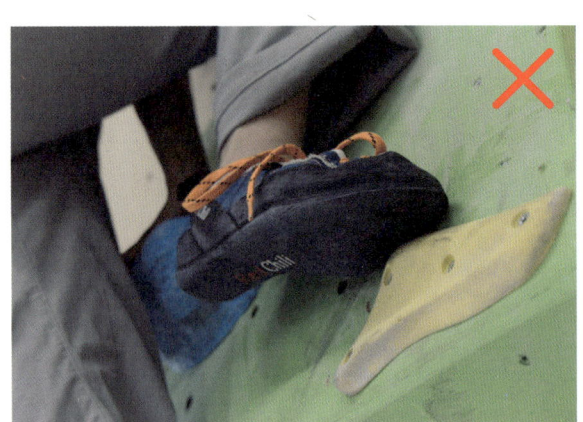

★ 배를 아래로 향하고 봉을 뛰어넘는 자세.

해보자!

정강이 근육을 쓸 것

memo ✏️

'맨틀링은 데드 포인트의 축소판'이라고 할 수 있다. 여기서 가장 중요한 것은 손목을 돌리는 동작인데, 이때 최대한 힘차게 끌어당겨 순간적 무중력 상태를 만들고, 단숨에 손을 돌려서 맨틀링 자세를 취해야 하기 때문이다.

아무리 어렵고 특이한 맨틀이라도, 손목을 돌리거나 발을 능선에 걸칠 때는 어느 정도 힘껏 끌어당겨야 한다는 것이 기본 원칙이다.

Climbing Talk

클라이밍 센터 이용법과 기본 매너

글. 잭 나카네

월 단위로 등록했을 때 1회째에는 간단한 강의를 무료로 해주는 센터가 있다. 그러나 등록을 완료하고 2회째, 3회째 방문했다면 그때부터는 자유롭게 등반하라고 한다. 그래도 초보일 때는 센터 직원을 효과적으로 활용하는 것이 좋다. 잘 모르는 기술이 있으면 솔직히 말하고 도움을 받아도 괜찮다.

그렇다고 모든 동작을 꼬치꼬치 묻거나 시범을 계속 요구하면 직원에게도 폐가 되고 자신의 기술 향상에도 도움이 되지 않는다. "저 빨간 홀드를 도무지 못 잡겠어요. 어떻게 하죠?"라거나 "이 다음 동작만 하면 몸이 돌아가서 떨어지는데 어떻게 하면 좋을까요?"라는 식으로 궁금한 것만 콕 집어 물어보자. 만약 직원이 없다면 근처의 상급자에게 물어보는 것도 나쁘지 않다. 의외로 기꺼이 가르쳐줄 것이다.

하지만 주의할 점이 있다. 상대가 가르쳐 달라고 부탁하거나 물어보지도 않았는데 먼저 나서서 동작이나 기술을 이러쿵저러쿵 간섭해서는 안 된다. 스스로 과제를 해결하는 과정을 즐기는 사람도 많고, 동작을 새로 찾아내기 위해 훈련하는 사람도 있기 때문이다.

또, 실내 센터든 야외 암벽이든 같은 곳에서 볼더링을 하는 사람은 훈련의 동료이자 위험을 공유하는 동반자다. 인사 정도는 나누고 "뒤따라 올라가겠습니다."라거나 "이번에 그쪽으로 갈 겁니다."라는 등의 기본적인 소통은 반드시 필요하다.

4

스트레칭으로 유연성을 높이자

볼더링은 근육과 관절에 부담을 주는 스포츠이므로
부상을 예방하기 위해서는 스트레칭이 꼭 필요하다.
몸의 유연성은 등반 실력에도 큰 영향을 미친다.
이 장에서는 유연성을 늘리기 위한 스트레칭의 기본 동작을 소개한다.

정적 스트레칭

부위별 정적 스트레칭의 대표 동작을 소개한다. 모두 통증이 없는 범위 내에서 천천히 움직이고 10~20초 정도 정지하는 것이 원칙이다. 호흡도 천천히 유지하는데, 정지했을 때는 숨을 계속 내쉬는 것이 더욱 효과적이다.

초보자는 손과 팔의 힘만으로 볼더링을 하는 것처럼 느끼기 쉽지만, 볼더링은 몸 전체를 쓰는 스포츠다. 특히 몸통을 중심으로 손과 발이 조화롭게 움직일 수 있어야 비약적인 실력 향상을 꾀할 수 있다. 그러기 위해서라도 올바른 스트레칭이 꼭 필요하다.

당연한 이야기지만 사람마다 유연성에는 차이가 있다. 할 수 있는 범위 내에서 자세를 취하고 기분이 좋은 정도에서 멈추는 것이 중요하다.

볼더링 전에 하는 워밍업 스트레칭은 근육의 온도를 올리고 관절의 가동 범위를 넓히는 것이 목적이다. 그래야 성과를 높일 뿐만 아니라 부상도 예방할 수 있다. 구체적인 방법을 살펴보면, 일단은 걷기 등으로 몸을 덥힌다. 센터에 올 때 가까운 거리는 걸어서 오는 것도 훌륭한 워밍업이 된다.

다음으로 정적(스태틱) 스트레칭과 동적(다이내믹) 스트레칭을 시작한다. 이런 스트레칭으로 근육 온도를 올리기 위해서는 상당한 시간이 필요하다.

또, 등반 후에는 긴장된 근육을 이완시키고 몸의 피로를 해소하기 위해 쿨다운 스트레칭을 한다. 쿨다운에서도 가벼운 동작으로 몸을 따뜻하게 하는 것이 먼저다. 종종 쿨다운을 한다며 마지막에 간단한 과제를 오르는 사람이 있는데, 너무 지친 상태로 등반을 하지 않도록 주의하자. 정적 스트레칭으로 피로한 부위를 풀어주는 것이 더 효과적이다.

스트레칭의 기본 규칙
1. 기분 좋게 느껴질 때 멈춘다.
2. 몸을 덥힌 뒤에 한다.
3. 쿨다운에는 정적 스트레칭을 한다.

목

등반 중에는 목 뒷부분에서 어깨 사이의 근육이 의외로 많이 쓰인다. 오랫동안 위를 올려다보는 것도 목에 꽤 부담이 되니 제대로 풀어주는 것이 좋다.

한 손을 턱에, 다른 한 손을 머리에 대고 얼굴이 비스듬히 위를 향하도록 누른다. 통증이 없는 범위 내에서 천천히 움직인 뒤 정지한다. 이때 상반신이 틀어지지 않도록 주의한다.

어깨	어깨 관절은 가동 범위가 넓다. 통증이 자주 발생하는 부위이니 다양한 방향으로 늘려준다.

한 팔을 몸 앞으로 들어 올린 뒤, 다른 팔로 그 팔을 가슴 쪽으로 눌러서 삼각근(어깨 관절을 뒤덮은 삼각형의 큰 근육)이 늘어나도록 한다. 가슴을 편 상태를 유지하고, 팔꿈치가 구부러지지 않도록 주의한다.

팔을 위로 올리고 머리 뒤에서 팔꿈치를 구부린 다음, 다른 손으로 팔꿈치를 천천히 누른다. 이때는 등이 구부러지지 않도록 주의한다. 삼각근 뒷부분과 삼두근(위팔 삼두근, 팔에서 가장 큰 근육), 견갑골 주변의 근육이 늘어날 것이다.

허리	허리 스트레칭은 요통 예방에도 매우 중요하다. 힘을 너무 주면 스트레칭 후 통증이 더 심해질 수 있으므로 힘을 빼려고 노력한다.

똑바로 누워 하반신을 비튼다. 양 무릎을 가지런히 붙여도 좋지만 사진처럼 위쪽 다리를 아래쪽 다리에 살짝 감고 한 손으로 허리를 살짝 당기면 골반이 비틀릴 것이다. 얼굴을 정면으로 향해야 등이 뜨지 않고 고정된다.

한쪽 다리를 펴고 앉아 그 다리 위에 다른 다리를 무릎을 세워서 교차시킨다. 그 무릎에 반대 팔을 대고 얼굴이 뒤로 가도록 허리를 비튼다. 엉덩이 근육과 척주기립근이 늘어나는 것이 느껴질 것이다.

| 배 | 몸통의 기본은 복근. 팽팽한 복근은 요통을 완화하니 잘 단련하자.

팔꿈치를 구부리고 엎드려 있다가 팔꿈치를 천천히 펴며 상체를 들어 올린다. 통증이 없는 것을 확인하면서 느리게 실시한다. 허리가 바닥에서 뜨지 않도록 주의할 것.

양팔을 벌리고 똑바로 눕는다. 한쪽 다리를 높이 들어 반대쪽 옆으로 천천히 기울인다. 시선을 다리 반대쪽으로 보내면서 어깨가 들뜨지 않도록 주의하자.

한쪽 다리는 옆으로 크게 벌리고 나머지 한쪽 다리는 구부려 앉는다. 벌린 다리 쪽을 향해 몸을 옆으로 기울인다. 기분 좋게 옆구리가 늘어난 시점에서 정지한다. 등이 구부러지지 않도록 주의한다.

골반

고관절은 어깨 다음으로 가동 범위가 넓은 관절이므로 여러 방향으로 스트레칭한다. 가동 범위가 넓은 관절은 볼더링을 할 때 큰 무기가 된다.

다리를 앞뒤로 벌리고 땅에 엉덩이를 붙여 앉으려고 노력한다. 앞쪽 무릎은 안으로 구부린다. 앞쪽에서는 주로 엉덩이 근육이, 뒤쪽에서는 고관절 안쪽과 앞부분의 근육이 늘어난다. 등이 구부러지지 않도록 주의한다.

소위 '다리 찢기'. 허리를 앞으로 기울일 뿐만 아니라 골반도 앞으로 기울이려고 노력해보자. 사진만큼 다리가 벌어진다면 대단한 유연성이다!

등

아래팔과 마찬가지로, 등반할 때 직접적인 부하가 걸리는 부위다.

똑바로 누운 자세에서 다리를 위로 똑바로 들어 올려서 머리 뒤로 넘긴다. 무릎은 구부려도 괜찮다. 요가에서는 이것을 '쟁기 자세'라고 하는데, 뒤구르기를 하는 듯한 느낌으로 실시하면 된다. 등이 기분 좋게 늘어나는 것을 느낄 수 있다. 호흡을 잊지 말 것.

아래팔

볼더링에서 특히 많이 쓰는 부분이므로 제대로 스트레칭하자. 바닥을 활용하면 이두근(위팔 이두근. 소위 알통)도 늘릴 수 있다.

손가락을 몸 쪽으로 돌린 채 양 손바닥을 바닥에 붙이고 앉는다. 손가락, 팔꿈치는 쭉 편다. 앞으로 기울인 자세에서 허리를 서서히 뒤로 당기며 아래팔 근육을 늘려준다.

햄스트링*

이 부분이 굳어 있으면 다리뿐만 아니라 허리에도 문제가 생긴다.

한쪽 다리를 앞으로 쭉 펴고 바닥에 앉는다. 다른 한쪽은 무릎을 안으로 접는다. 편 다리에 허리를 똑바로 올려놓는다는 느낌으로 상반신을 앞으로 기울인다. 등이 구부러지지 않도록 주의한다. 힘든 사람은 두 다리를 모두 펴고 실시해도 된다.

★ 다리 뒤쪽 근육의 총칭.

발목

착지하다가 다치기 쉬워서 의외로 유연성이 필요한 곳이다. 특히 부상 경험이 있는 사람은 발목이 딱딱하게 굳어 있어서 또 다른 부상을 입기 쉬우므로 유연성을 확보하는 것이 중요하다. 스미어링에 특히 많이 쓰이는 부분이다.

한쪽 무릎을 세워서 앉은 뒤 무게중심을 천천히 앞으로 이동시킨다. 숨을 깊이 내뱉으며 발목이 구부러지는 것을 느껴보자.

동적 스트레칭

느린 동작으로 각 부위를 늘려주는 동적 스트레칭. 등반 전에 반드시 실시한다.

흉추 · 견갑골

흉추를 구부렸다 젖혔다, 견갑골을 열었다 닫았다 하는 동작이다. 흉추의 동작은 안정적인 자세를 유지할 때, 견갑골의 동작은 홀드를 잡아당길 때 중요한 역할을 한다.

1. 등을 구부린 채 손등을 맞대고 팔꿈치를 붙인다. 견갑골은 열리고 흉추가 구부러질 것이다.

2. 가슴을 펴고 팔꿈치를 떼어 손바닥이 바깥을 향하도록 팔을 벌린다. 견갑골은 닫히며 흉추가 젖혀질 것이다.

3. 자세를 유지하며 팔을 똑바로 들어 올려 손등을 서로 붙인다.

※ 1~3의 동작을 각각 1~2초씩 5~10회 정도 반복한다.

흉추 · 요추 · 견갑골 · 골반

1. 손바닥과 무릎을 바닥에 붙이고 꿇어 엎드린 자세에서 등을 둥글게 말고 팔을 앞으로 쭉 뻗는다. 시선은 배꼽을 본다. 견갑골이 열려 앞쪽으로 돌출될 것이다.

2. 등을 뒤로 젖힌다. 시선은 앞을 본다. 견갑골이 안으로 닫히며 뒤쪽으로 기울어질 것이다.

※ 1과 2의 동작을 연결할 때는 천천히 힘을 뺄 것. 골반이 움직이는 것을 느껴보자.

요추·골반·고관절

1

의자에 앉아 등 전체를 둥글게 만다. 시선은 배꼽을 본다. 골반이 뒤로 기울어질 것이다.

2

등 전체를 뒤로 젖힌다. 골반이 앞으로 기울어질 것이다.

3

상반신을 오른쪽으로 구부린다. 머리 위치는 그대로, 옆구리를 오므린다는 느낌으로 실시한다.

4

상반신을 왼쪽으로 구부린다. 마찬가지로 머리 위치는 그대로. 짐 볼 위에서 실시하면 더욱 효과적이다.

※ 1→3→2→4의 순서로 해도 무방하다.

Climbing Talk

클라이밍 센터는 커뮤니티의 장

글. 잭 나카네

볼더링 센터에서 만난 사람들은 금세 친해진다. 처음에는 실패했을지라도, 어려운 과제에 도전하여 부단한 노력으로 그것을 해결했을 때의 기쁨을 서로 이해할 수 있기 때문에 이들 사이에는 동료 의식 같은 것이 있다.

볼더링의 재미를 아는 사람은 지적 호기심이 강한 사람이다. 그러므로 센터에서는 마음이 통하는 친구나 이성을 발견할 확률이 높다. 심지어 센터에서 사귄 사람과 결혼하는 경우도 비일비재하다. 어려운 일을 해결하는 과정을 즐기는 사람이 많아서 고학력자나 의사, 변호사 등 전문직 종사자들이 많이 즐긴다고 한다.

마지막으로, 특히 남성에게 하고 싶은 말인데, 여성에게 뒤처지는 것이 창피하다는 생각 때문인지 시시한 질투를 하는 사람이 있다. 하지만 실력은 별로라도 최선을 다해서 노력하는 사람이 오히려 이성에게 인기가 있다. 쓸데없는 일에 신경 쓰지 말고 열심히 도전하는 것이 상책이다.

5

몸 관리를 하자

서둘러 실력을 향상시키려고 아무리 애써도 만성 피로에 시달리거나
부상을 입는다면 훈련의 효과가 현저히 떨어질 것이다.
몸을 최상의 상태로 유지하여 항상 최고의 볼더링을 즐기는 것이 중요하다.
그런 의미에서, 테이핑, 아이싱, 그리고 상반신의 피로를 해소하는 법,
건강보조식품에 관해 상세히 알아보자.

테이핑의 효과와 감는 법

볼더링 센터에 가보면 손가락과 손목에 테이프를 감은 사람이 눈에 많이 띈다. 여러분 중에도 '테이핑을 하고 싶지만 어떻게 하는지 잘 모르겠다'는 사람이 있을 것이다. 또 '방법은 잘 모르지만 일단은 감는 게 좋을 것 같아서 감는다'는 사람도 있을 것이다.

테이핑에 관한 이론과 인체공학적인 측면을 어느 정도 이해한 후에 테이핑을 하면 부상을 피하면서 훈련 효과를 높일 수 있으니 잘 읽고 실천해보자.

> **왜 테이핑을 하는가**
> 1. 손과 손가락 피부를 보호하기 위해
> 2. 힘줄과 인대, 건초(腱鞘)를 보호하기 위해
> 3. 부상 후 재활 운동 중에 부상 부위를 고정하기 위해
> 4. 훈련 중에 손과 손가락 동작을 제한하기 위해
> 5. 홀드를 쉽게 붙잡을 수 있도록 하는 보조 수단으로

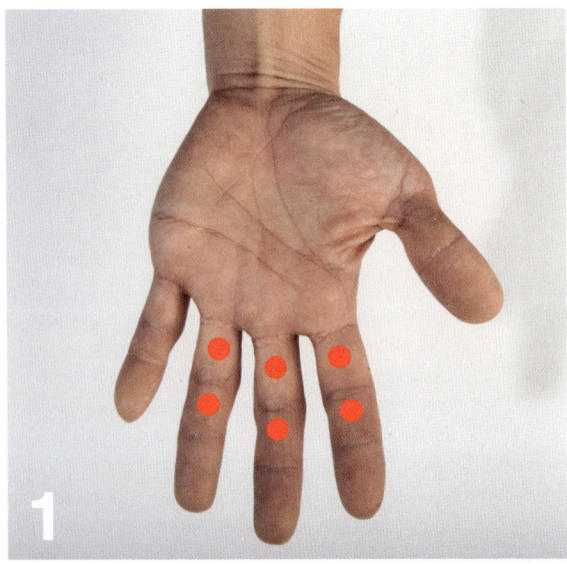

빨간 점으로 표시한 곳이 인공 암벽 홀드를 잡다가 피부를 손상시키기 쉬운 부위다.

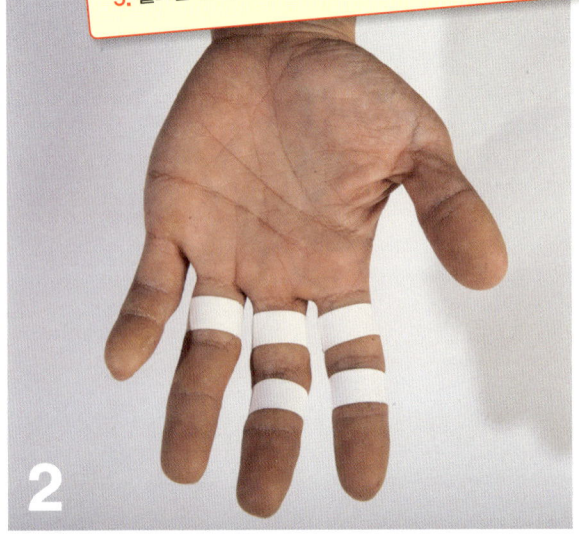

손가락 안쪽에 테이프를 감아두기만 해도 피부를 보호할 수 있다.

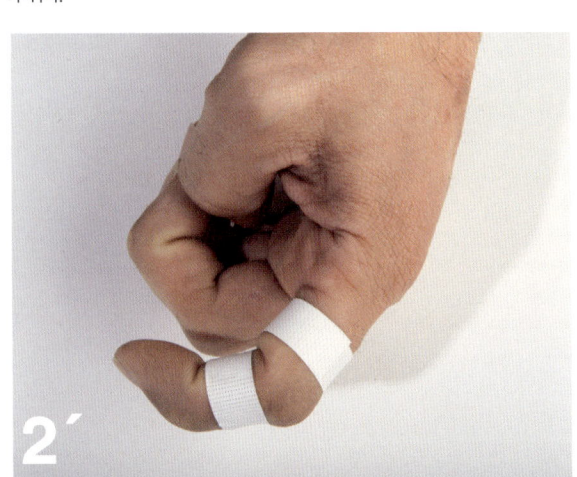

손가락을 굽히고 펼 때 방해가 되지 않는 부분에 감자.

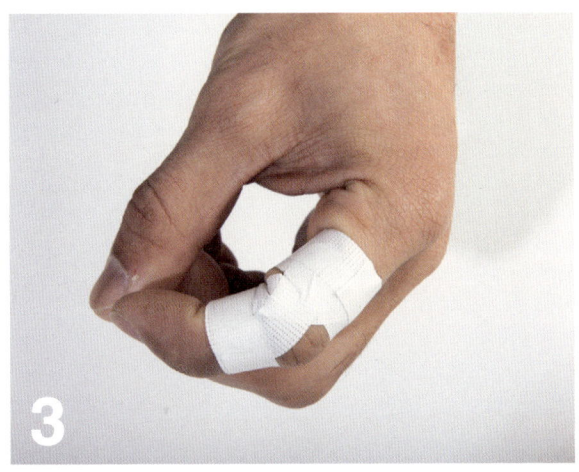

손가락 측면에서 테이프를 X자로 교차시키는 방법.

😊 손과 손가락 피부를 보호한다

손바닥 쪽의 피부를 보호하기 위한 기본적인 손가락 테이핑이다. 특히 초·중급자는 센터에서 훈련을 할 때 이 목적으로 테이핑을 하는 것이 좋다. 독자 중에 만약 초보를 가르치는 사람이 있다면 학생에게 이 테이핑을 반드시 권해주기 바란다.

초보는 오버행이 많은 센터에서 훈련하다 보면 큼직한 홀드만 잡고 오르려 하기 쉽다. 손 피부는 아직 약한데 그런 넓적한 홀드를 잡고 이리저리 비트는 동작을 계속하게 되는 것이다. 그러면 손가락 안쪽, 그중에서도 홀드의 중심점에 닿는 한가운데의 피부가 쓸려 물집이 생기거나 벗겨질 수 있다. (76쪽 사진 1)

그러므로 손가락 안쪽, 관절과 관절 사이에 폭 19밀리미터 정도의 테이프를 살짝 조이듯 감아두자. (76쪽 사진 2, 2′) 가능하면 손바닥에 가까운 쪽에도 감아두면 좋을 것이다. 사실 이 테이핑은 다음에 이야기할 건초염 방지에도 도움이 된다.

😊 힘줄과 인대, 건초를 보호한다

대부분의 클라이머는 이 목적으로 테이핑을 한다. 즉 손가락을 구부려 홀드를 잡을 때 부상을 방지하려는 것이다. 우선 홀드를 잡을 때 손가락 근육이 어떻게 움직이는지 자세히 알아보자.

근육은 수축하고 이완함으로써 우리 몸을 움직인다. 근육 끝에 있는 힘줄은 근육을 뼈에 단단히 고정시킨다. 그런데 손가락을 안으로 구부리는 근육은 일반적인 근육과 약간 다르다.

수축과 이완이 이루어지는 부분이 손가락에서 멀리 떨어진 아래팔에 있기 때문이다. 그래서 힘줄이 무척 긴데, 그것이 손목, 손바닥, 손가락 안쪽을 통과해 손가락 끝의 뼈까지 이어져 있다. 그래서 손가락을 구부려 홀드를 잡고 있다 보면 손가락과 손바닥 사이가 아닌 아래팔에 펌핑*이 일어나는 것이다.

뼈를 따라 근육의 수축을 전달하여 손가락을 구부리는 이 힘줄은 긴 껍질 속을 통과하는데, 이 껍질을 건초라 한다(하단의 그림 1).

좀 더 자세히 설명하면, 건초는 힘줄을 긴 빨대 모양으로 감싸는 활막성(滑膜性) 건초와 그 활막성 건초를

★ 근육의 힘을 모두 소모하여 더 이상 등반할 수 없는 상태.

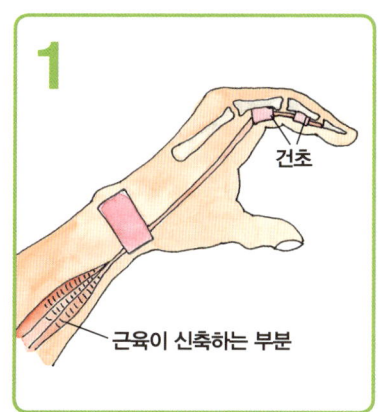

손가락을 구부릴때 근육과 관절의 모습

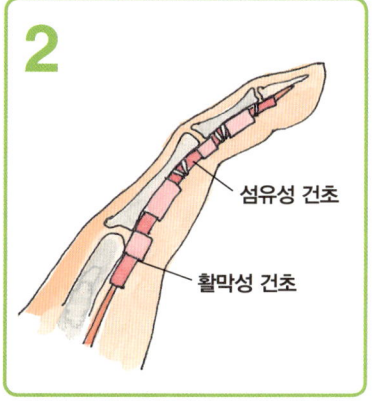

섬유성 건초와 활막성 건초.

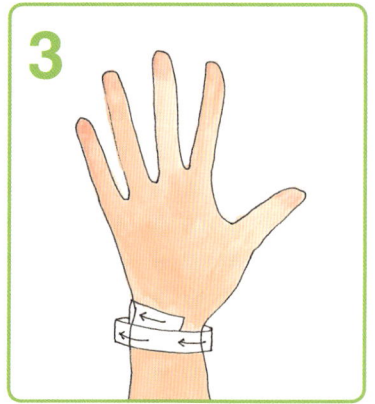

손목 테이핑은 새끼손가락 밑의 튀어나온 뼈 위 잘록한 곳에서 시작하여 뼈를 누르듯이 감는다.

뼈에 고정시키는 섬유성(線維性) 건초로 나뉜다(77쪽 그림 2). 이 섬유성 건초와 힘줄에는 혈관이나 신경이 없어, 손상되더라도 통증이 거의 없다고 한다.

그러나 활막성 건초에는 혈관과 신경이 있으므로 손상되면 통증이 느껴진다. 또, 섬유성 건초가 손상되어 부분적인 파열이 일어나면 결국 활막성 건초도 손상되므로 통증이 발생할 것이다. 그래서 이 손가락을 구부리는 힘줄이 세게 잡아당겨져 건초에서 빠져나오는 사태가 일어나지 않도록 사진 2와 2'(76쪽)처럼 테이프를 감아 눌러두는 것이 좋다. 센터에서 훈련하는 초·중급자의 경우, 훈련 전에 테이프를 이렇게 손가락에 '둘둘 말아두기'만 해도 부상을 예방하는 효과가 있다.

또, 손목에 있는 더 큰 건초에는 손가락을 구부리는 힘줄과 손가락을 펴는 힘줄이 한꺼번에 들어 있다. 그래서 홀드를 오래 붙잡고 있으면 손목의 건초까지 아파지는 것이다. 그러므로 손목에도 테이프를 한 바퀴 감아두는 것이 좋다(77쪽 그림 3).

그러나 테이핑을 하면 각 관절의 동작이 제한되는데다 테이프의 마찰력이 손가락 피부에 비해 약해서 미끄러운 홀드를 잡기가 어려워진다. 또, 손가락이 조금 두꺼워져 작은 포켓이나 틈새에 들어가지 않을 경우도 생긴다.

🌸 부상 후 재활 운동 중에 부상 부위를 고정한다

단순히 손가락 관절이나 근육이 아파서 테이핑을 하는 사람도 많다. 그러나 사실 이것은 상당히 위험한 행동이다. 왜냐하면 손가락을 압박하여 테이프를 감으면 감각이 없어져 통증을 잘 느끼지 못하기 때문이다. 그러면 다친 곳이 더 악화될 수 있다. 따라서 손가락에 이상이 있을 때는 어디를 어떻게 다쳤는지 정확히 파악한 뒤 테이핑을 해야 한다.

하지만 의사라도 일반적인 정형외과 의사 등은 클라이밍을 하다가 다친 곳을 정확히 집어내기가 어렵다.

예를 들어 핀치 홀드와 사이드 풀 홀드를 잡다가 다치면 손가락 측면의 인대가 손상되는 경우가 많은데, 손가락 관절을 옆에서 눌러서 아프다면 그럴 가능성이 더 높다. 그렇다면 손가락 측면에서 테이프를 X자로 교차시켜 감는 방법(76쪽 사진 3)이 효과적이다. 이처럼 손가락 테이핑에도 여러 가지 방법이 있다. 가능하다면 손 전문 의사에게 진료를 받자.

손과 손가락 동작을 제한하는 테이핑

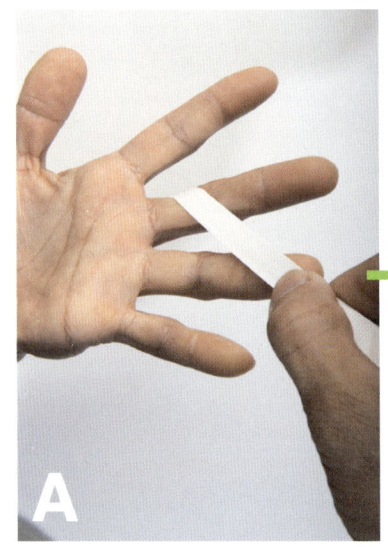
A

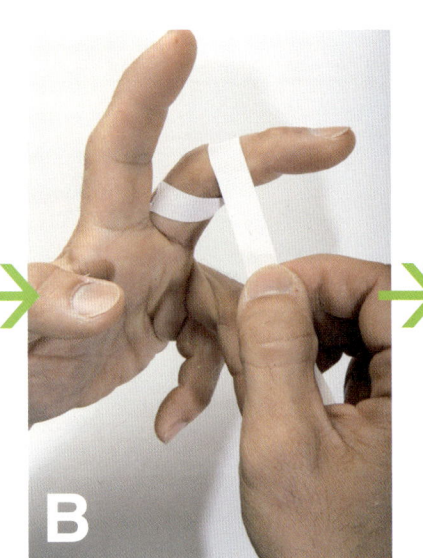
B

강한 크림프 그립을 제한하는 테이핑

♣ 손과 손가락 동작을 제한하는 테이핑

볼더링으로 발생하는 손가락 통증의 대부분은 크림프 그립을 쓸 때 관절에 과도한 부하가 걸려 연골과 골막 등이 손상되기 때문에 일어난다(그림 4). 등반 후에 손가락 관절이 붓고 열이 나며 욱신거린다면 그 원인을 가장 먼저 생각할 수 있다.

유감스럽게도 테이핑으로 이것을 예방할 수는 없지만, '손과 손가락 동작을 제한하는 테이핑'을 활용함으로써 과격한 크림프 그립을 아예 차단하는 것도 한 방법이다. 손가락 안쪽부터 시작하여 손바닥 쪽 관절을 향하여 X자 모양으로 테이프를 감으면 손가락이 약간 구부러진 상태로 고정된다(하단 사진 A~E).

크림프 그립밖에 못하는 초보 클라이머라면 이 테이핑을 활용하여 오픈 핸드 그립을 훈련할 수 있고, 반대로 작은 홀드나 크림프에 약한 사람이라면 이렇게 손가락을 구부린 채 고정함으로써 힘을 절약하는 방법을 배울 수 있다. 이렇게 테이핑을 하면 포켓 그립이 훨씬 수월해지므로 일종의 편법처럼 생각될지도 모르지만, 손가락 동작이 제한되는 단점이 있으니 그만한 혜택은 상쇄될 듯하다. 이 테이핑은 건초를 보호하는 데도 도움이 된다.

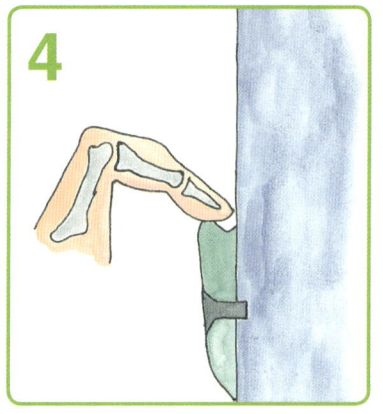

강한 크림프 그립을 쓸 때 관절이 심하게 압박되어 통증이 발생하는 구조.

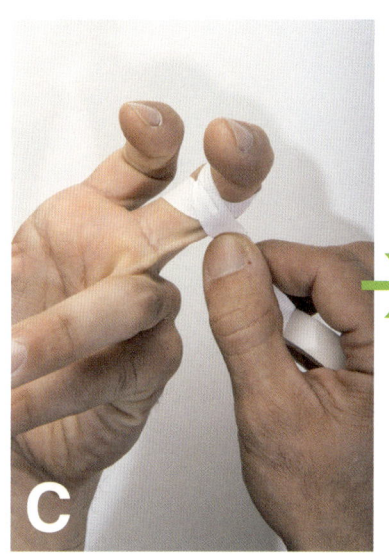 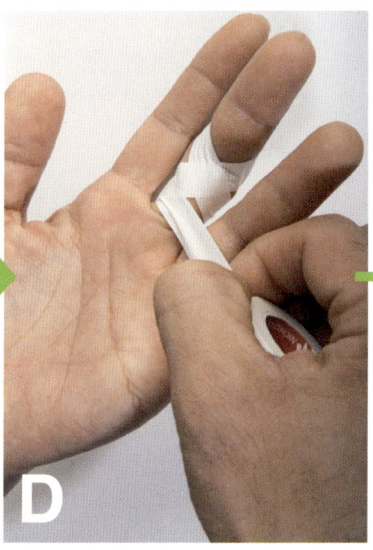 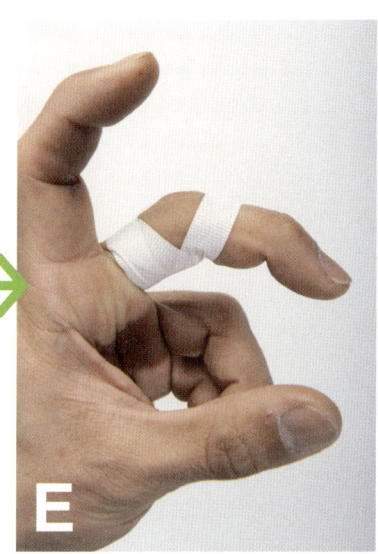

❀ 홀드를 쉽게 붙잡을 수 있도록 보조하는 테이핑

앞에서 말했다시피 손가락의 X자 테이핑은 손가락 동작을 보조하는 역할도 하는데, 한술 더 떠서 검지와 중지를 아예 꽉 눌러서 붙여버리는 테이핑도 있다. (오른쪽 사진) 이는 손가락 사이의 골간근이 약하여 검지가 중지와 쉽게 떨어지는 사람에게 효과적이다.

이 테이핑을 하고 나면 이전에 계속 실패했던 포켓 홀드에 두 손가락으로 편하게 매달릴 수 있게 되므로 왠지 반칙처럼 느껴질 수도 있지만, 포켓 그립으로 인한 부상이 확 줄어드는 장점이 있으니 센터에서는 적극적으로 활용해도 좋을 듯하다.

마지막으로, 테이프의 종류와 선택법도 알아두자. 테이프는 되도록 얇고 마찰력이 강하며 통기성이 좋은 것을 고르자. 또, 습기가 차서 주르르 벗겨지지 않는 것, 접착제가 피부에 남지 않는 것이 좋다. 보통 약국에서 '스포츠 테이프'라는 이름으로 테이핑 전용 테이프를 판매하고 있다.

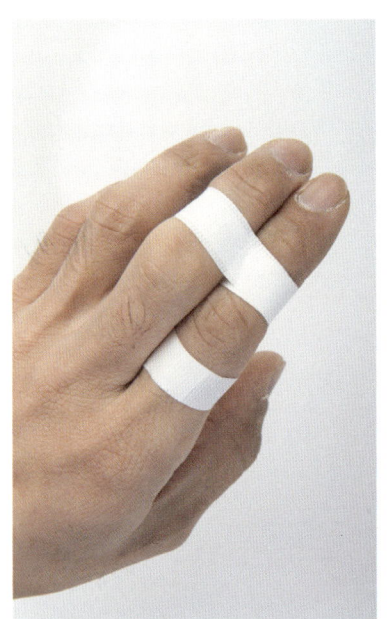

해보자!

손가락 마사지

memo ✏️

충분한 워밍업은 부상을 예방하기 위한 기본 활동이다. 갑자기 어려운 과제에 덤벼들면 부상을 당하기 십상이다. 일단은 추락 없이 단번에 끝낼 수 있는 과제를 오르거나 스트레칭을 하면서 몸을 덥히자. 근육의 혈류가 활발해지고 신경 반응이 최적일 때 등반을 시작할 수 있도록 워밍업하는 습관을 들이는 것이 몸 관리의 첫걸음이다.

근육의 혈류를 촉진하는 데에는 마사지도 효과적이다. 마사지에는 기본 원칙이 있다. 워밍업할 때는 말초 방향의 혈류를 촉진하기 위해 몸통에서 말초 쪽으로 실시하고, 쿨다운할 때는 말초에 쌓인 피로물질을 제거하기 위해 말초에서 몸통 쪽으로 실시하는 것이다. 또, 일단 쿨다운을 한 다음에는 절대 등반하지 않는 것도 중요하다.

다양한 홀드를 붙잡는 데에 중요한 역할을 하는 것이 손바닥의 중수골 사이에 있는 골간근이다. 골간근은 손바닥과 손등에 각각 있으므로 두 곳 다 잘 마사지해야 한다. 특히 손가락을 오므리는 일을 하는 손바닥 쪽 골간근은 클라이밍 중 항상 긴장 상태를 유지하므로 쉽게 피로해진다. 그 근육을 잘 풀어주면 손가락 통증이 사라지는 일이 종종 있다. 그러므로 중수골 사이를 만져보고 뭉친 곳을 찾아내서 꼼꼼히 마사지하자.

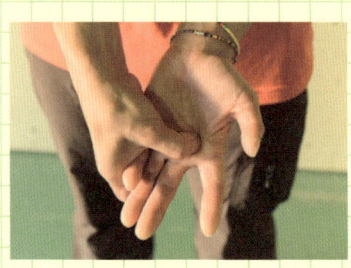

손바닥의 중수골 위치를 파악하고, 뼈와 뼈 사이에 뭉친 곳을 찾아내어 잘 풀어준다.

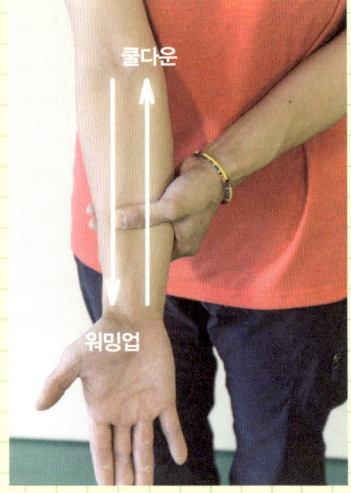

워밍업은 손끝 쪽으로, 쿨다운은 반대 방향으로 실시하자.

올바른 아이싱

클라이밍 센터에서 볼더링을 마친 클라이머들이 얼음물이 들어 있는 큰 통에 손을 넣고 있는 모습을 종종 볼 수 있다. 나름대로 아이싱을 하는 모양이지만, 그 목적과 방식을 착각하고 잘못 실시하는 경우가 많다. 원리도 모르는 채 얼음물에 손을 담그기만 한다면 그것은 자원 낭비에 불과하다.

손가락만 아픈데도 통에 얼음물을 가득 채워서 팔꿈치까지 넣었다가 5분도 되지 않아 '아~ 이제 다 식었다'며 손을 꺼내는 당신! 센터 주인이 보면 '제빙기 전기세 돌려줘!'라고 할 것이다. 센터 주인을 걱정해서 하는 말이 아니다. 우리 모두 지구의 온난화를 조금이라도 늦추어야 할 때이다. 그 얼음을 만들어내느라 그것의 몇 배나 되는 크기의 얼음이 지구 어딘가에서 녹고 있다는 사실을 기억하자. 아이싱에는 몇 가지 목적이 있다. 부상의 응급처치, 재활, 컨디션 조정은 물론이고, 만성 장애를 예방하고 증상 악화를 방지하는 것이 그 목적이다. 원리를 제대로 모른 채 무작정 실천하면 역효과가 나기 쉬우니 주의하기 바란다.

올바른 아이싱. 기본은 환부를 심장보다 높은 곳에 두고 20분 정도 식히는 것.

세포 조직의 개략도

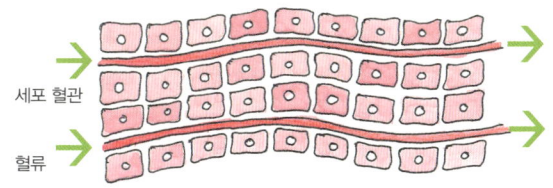

1 정상 상태.

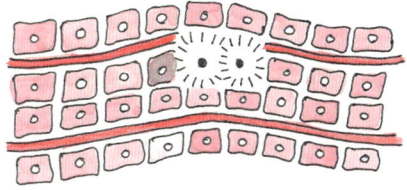

2 손상이 발생해 2~3개의 세포가 파괴되고 모세혈관이 끊어진 상태. 이 상태에서 손상이 진행되는 것을 막기 위해 아이싱을 실시한다.

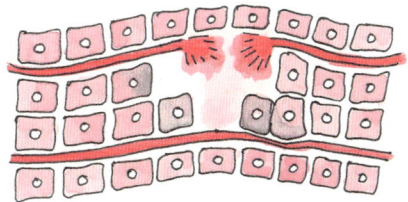

3 흘러나온 혈액, 체액에 의해 주위 세포까지 산소 결핍을 일으키며 죽어간다. 부어서 팽창한 세포에 의해 모세혈관이 눌러서 좁아진다.

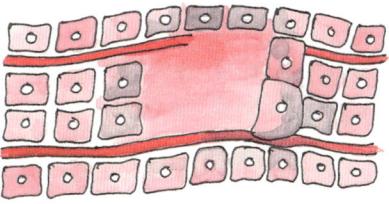

4 피해가 더 확대되어 노폐물이 정체되면 환부가 점점 더 붓고 내출혈로 많은 세포가 죽는다.

왜 식혀야 할까

등반 후 손가락이 아플 때 얼음물에 손을 담그면 감각이 마비되어 기분이 나아지는 것을 느낀 적이 있을 것이다. 그런데 그때 우리 몸속에서는 과연 어떤 일이 일어날까?

등반에서 발생하는 부하의 대부분은 손가락에 집중된다. 따라서 혹사당한 손가락 근육과 인대, 힘줄과 건초 등이 손상되는 것이다. 그 결과, 정도의 차는 있지만 손가락 조직이 파괴되고 염증이 발생하여 위화감이 남기도 하고 심하면 만성통증으로 발전하기도 한다. 그래서 필요한 것이 아이싱이다.

그런데 손가락 관절에 발생한 염증이란 과연 무엇일까? 염증이란 부종, 발열, 통증 등 생체 반응을 통틀어 이르는 말이다. 염증은 손상 부위를 스스로 치유하는 자연 치유 반응의 일종이기도 한데, 아이싱은 이 반응을 일단 가라앉힘으로써 좀 더 빠른 회복을 꾀하는 방법이다.

볼더링을 할 때, 손가락 세포는 모세혈관에서 산소와 영양을 공급받고 노폐물을 내보냄으로써 근육이 힘을 제대로 발휘하도록 한다. 그런데 인대나 근육이 손상되면 환부의 세포가 파괴되어 세포액(림프액)이 흘러나오며, 인근의 모세혈관이 끊어져 혈액과 림프액이 흘러나오는 소위 내출혈이 발생한다. 또 손상된 세포조직을 회복시킬 목적으로 아미노산 등의 영양분이 즉시 몰려들어 환부가 팽창한다. 그 긴급 운송을 수행하기 위해 모세혈관은 확장되며, 그리로 따뜻한 혈액이 많이 흘러들어 환부의 온도가 높아진다. 그리고 이런 일련의 긴급 조치를 안정적으로 수행하기 위한 통증이 발생한다. 이것이 바로 상처를 치유하기 위해 우리 몸에 일어나는 반응인 '염증'이다.

그러나 환부를 그 상태로 내버려두면 조직 밖으로 흘러나간 림프액과 혈액이 주위의 모세혈관을 압박하여 정상적인 혈액 흐름을 방해한다. 또 통증을 느끼는 손과 손가락에 '아프니까 움직이지 말라'는 신경의 명령이 전달되어 근육과 힘줄이 수축하여 굳어진다. 이런 악순환

목적별 아이싱 방법

	손과 손가락 힘줄 및 건초의 가벼운 손상을 회복하고 손상 축적에 의한 만성 통증을 예방한다.	아래팔과 손끝 근육 및 힘줄의 피로를 신속히 회복한다.
원리	혈액·체액 누출에 의한 2차적 장애를 최소화한다.	부종을 빨리 해소하여 정맥 방향의 모세혈류를 촉진하고 피로물질을 제거한다.
제대로 된 방법	심장보다 높은 위치에서 20분 정도, 감각이 없어질 때까지 실시한다.	아이싱 후 스트레칭 등으로 근육을 이완한다.
잘못된 방법	손끝만 아픈데도 팔꿈치까지 얼음물에 넣었다가 너무 차갑다며 10분도 지나기 전에 그만둔다.(아픈 손가락에 얼음주머니만 올리는 것이 더 효과적이다.)	아래팔이 땡땡하게 부어 다음 날까지 근육통이 남을 정도인데도 아이싱은 시늉만 내고 스트레칭은 생략한다.(스트레칭만 하는 것이 훨씬 효과적이다.)

이 환부(대개 손가락 관절)에서 일어나면 손상된 세포 부근의 건강한 세포까지 차례차례 사멸한다. 충분한 산소와 영양을 공급받지도, 노폐물을 내보내지도 못하게 되기 때문이다. 이를 '2차적 저산소 장애'라 부른다.

아이싱을 하면 손상된 조직 주변의 건강한 세포가 2차적 장애로 사멸하는 것을 막을 수 있다. 또 손의 통증도 최소한으로 줄여 회복을 촉진할 수 있다. 온도를 낮추면 세포의 신진대사가 둔해져 림프액과 혈액의 유출이 줄어들기 때문이다. 게다가 대사가 둔해진 세포는 더욱 적은 산소와 영양으로도 살아남을 수 있다. 이는 동면하는 동물이 체온을 낮춰 대사를 제한함으로써 적은 영양분만 가지고도 살아남는 것과 비슷하다.

또, 온도가 내려가면 신경 전달 또한 둔화되어 통증이 감소하고 근육과 힘줄의 경직도 풀리므로, 근육이 수축하여 체액을 더 밀어내거나 모세혈관을 압박하는 사태도 막을 수 있다.

아이싱의 잘못된 예. 환부가 심장보다 낮은데다. 이 자세로는 20분을 버티지 못한다. 이 상태로 5분쯤 식힌다 해도 역효과만 난다.

한쪽 손가락이 아프다면 얼음주머니를 올려서 식히는 것이 낫다.

소소한 아이디어!

손가락 통증을 해소하기 위한 아이싱 아이디어 memo

페트병 등에 물을 넣어 얼음을 얼리는 곳이 있는데, 그렇게 하면 얼음이 너무 커서 다 쓰기가 어렵다. 게다가 얼음이 그렇게 크면 손이 시려서 오래 들고 있기도 힘들다. 그래서 종이컵을 이용하는 방법을 생각해보았다. 종이컵에 얼음을 얼리면 필요한 만큼 종이컵을 찢어서 쓸 수 있고, 손이 시리지도 미끄러지지도 않을 것이다.

겨울에는 손이 시려서 얼음을 들고 있기 어렵지만, 종이컵에 얼음을 얼리면 편리하게 쓸 수 있다.

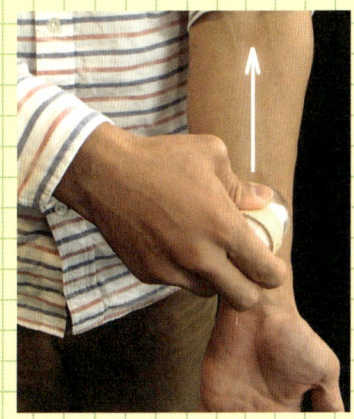

얼음 조각으로 손가락에서 몸통 방향으로 마사지를 한다. 통증이 있는 부위는 좀 더 꼼꼼히 한다.

아이싱의 규칙

이번에는 아이싱에서 지켜야 할 원칙을 정리해보자. 첫째, 통증이나 염증이 있는 부위에 집중적으로 실시해야 한다. 손목과 팔꿈치가 아프고 부었다면 그곳을 집중적으로 식힌다. 손끝이나 손가락이 아픈데도 팔꿈치까지 얼음물에 넣는다면 자원 낭비다. 게다가 넓은 범위를 얼음물에 넣을수록 냉기를 견디기 힘들어서 빨리 그만두게 되니 역효과다.

둘째, 손가락 감각이 없어지고 경직이 풀릴 때까지 적어도 20분은 지속하는 것이 좋다. 5분이나 10분으로는 아무런 의미가 없다.

또, 열을 빼는 데에는 0도의 얼음이 가장 효과적인데, 큰 얼음을 쓰면 물을 0도로 만드는 데에 시간이 많이 걸린다. 그보다 큐브 아이스로 아이스 팩을 만들어 아픈 부위를 찜질하는 것이 효과적이다. (얼음이 남아 있는 0도의 물은 버리지 말고 돌려쓰자.)

셋째, 혈액과 체액의 흐름을 둔화하여 누출을 막는 것이 목적이므로 환부를 심장보다 높은 위치에 두자. 통을 바닥에 놓아서는 안 된다. 주변에 쓸 만한 테이블이 없다면 드러누워서라도 심장 위치를 낮추어야 한다. 참고로 환부는 아이싱이 끝난 뒤에도 심장보다 높은 위치에 두는 것이 좋다. 또 손목과 팔꿈치, 특히 손가락이 아플 때는 아이싱 후에 살짝 압박해두는 것이 좋다. 신축성 있는 붕대를 활용하여 적당한 강도로 감아두자.

> **아이싱의 기본 규칙**
> 1. 통증과 염증이 발생한 곳을 집중적으로
> 2. 약 20분을 기준으로
> 3. 환부는 심장보다 높은 곳에
> 4. 근육 피로에는 스트레칭도 효과적

응용 스트레칭으로 피로를 경감한다

아이싱을 해서 회복을 최대한 앞당긴다 해도 손상된 조직이 회복되려면 적어도 48시간이 필요하다고 한다. 당신도 아이싱을 한다는 이유로 매일 손가락을 혹사하지는 않는가? 그러다가는 회복이 제때 이뤄지지 않아 언젠가는 큰 문제가 생길지 모른다. 손상을 입을 정도의 힘든 등반을 매일 지속해서는 안 된다. 이번에는 등반 후의 체력 회복을 위한 아이싱에 대해 알아보자.

지구력이 필요한 긴 과제를 수행하느라 아래팔에 심한 펌핑이 발생하여 탱탱 부었다고 생각해보자. 펌핑은 다량의 체액과 혈액이 근육으로 단시간에 흘러들어온 데다 젖산 등 피로물질이 쌓여 근육이 팽창하고 혈류가 악화된 상태다. 이 상태에서는 근육 온도가 상승한 채 내려가지 않는 탓에, 등반을 중단한 후에도 과잉 대사가 좀처럼 진정되지 않고 피로물질이 계속 축적된다. 그러면 피로가 풀리지 않아 다음 날 근육통을 느낄 것이다. 이럴 때 아이싱과 스트레칭으로 회복을 앞당길 수 있다.

아이싱은 근육 온도를 낮추어 대사를 둔화하므로 피로 물질의 증가 속도를 늦춘다. 또 펌핑을 완화하여 혈액, 림프액의 유입을 줄이며, 압박되었던 모세혈관을 확장하여 유입된 혈액을 정맥으로 신속히 보낸다. 즉 꽉 막혀 있던 팔 근육 속의 모세혈관을 뚫어 정맥 방향의 혈류를 촉진하는 것이다. 그러면 팔에 신선한 산소와 영양분이 공급되고 피로물질은 제거된다.

단, 아이싱만으로는 불충분하므로 이후 스트레칭이 반드시 필요하다. 스트레칭으로 팔의 부종을 해소하고 유연성을 회복하면 모세혈관의 혈액량이 늘어나 회복이 더욱 빨라질 것이다. 즉 체력 회복을 위한 아이싱은 스트레칭과 병행하지 않으면 별 효과가 없다. 그러나 올바른 방식으로 아이싱과 스트레칭을 병행하기만 하면 클라이밍 경기 도중, 가령 경기 예선을 마치고 결승을 시작하기 전의 짧은 시간에도 펌핑을 가라앉힐 정도의 큰 효과를 기대할 수 있다.

"팔꿈치까지 아이싱을 하고 싶을 때, 얼음을 가장 적게 쓰면서 큰 효과를 보는 방법이 있어요. 바로 보온성 높은 고무장화를 이용하는 거예요."(클라이머 요시다 가즈마사)

해보자!

아래팔과 손가락 이야기

memo

손가락 근육 대부분은 아래팔에서 시작하여 손목 관절을 통과한다. 그중 굴근(屈筋)*은 대부분 새끼손가락 쪽에 있으며, 신근(伸筋)**은 엄지손가락 쪽에 있다. 일반적으로는 굴근이 많이 쓰이지만, 훈련할 때 신근을 일부러 단련하는 것은 근력의 균형을 유지하여 부상을 예방하기 위해서다.

또, 침·뜸 치료에서 효과를 나타내는 지점을 경락 이름으로 표현하면 '내관'(內關)과 '곡택'(曲澤)인데, 각각 방형회내근(方形回內筋)과 원회내근(圓回內筋) 위에 위치하고 있다.

이 두 근육은 클라이밍에서 홀드를 잡고 매달릴 때 항상 강하게 작용하므로, 이곳이 경직되면 손가락에 통증이 발생하기 쉽다. 마사지를 할 때 알아두기 바란다.

또 등반 중에는 오랫동안 위를 올려다보게 되므로 목과 어깨가 뭉치기 쉽다. 그런데 손가락 신경이 모두 경추와 이어져 있는 탓에 목과 어깨가 뭉치면 신경이 압박되어 손가락 동작이 둔해지거나 통증이 발생할 수 있다.

그럴 때는 87쪽에 소개한 '목 마사지'를 해보자.

손을 쥐는 힘과 펴는 힘을 함께 단련하여 부상을 방지하자. 전용 운동기구도 있다.

방형회내근
내관
내측← →외측
척골★ 요골★★
원회내근
곡택
상완골

★ 손을 오므리는 근육.
★★ 손을 펴는 근육.

★ 尺骨, 아래팔뼈 중 안쪽의 뼈.
★★ 橈骨, 아래팔뼈 중 바깥쪽의 뼈.

상반신의 셀프케어

볼더링에서는 누구나 전신을 혹사하게 마련이지만, 특히 초보는 다양한 홀드에 제대로 대응하지 못하여 필요 이상으로 힘을 세게 주기도 하고, 몸의 균형을 잡지 못해 팔과 전신에 과도한 스트레스를 줄 때가 많다. 또, 일부 과제는 몸의 특정 부위에 극도의 부하를 걸게 만든다. 그래서 어느 정도의 부상이나 통증은 흔한 일인데, 그래서 더더욱 문제를 최소한으로 줄이기 위한 일상적인 몸 관리가 필요하다. 등반 직전이나 직후에는 테이핑이나 아이싱 등을 하고, 쉬는 날(등반하지 않는 날)에는 몸을 관리하자. 그러면 다음 번 등반의 성과를 향상시키고 부상도 방지할 수 있다. 거듭 말하지만 오랫동안 볼더링을 즐기려면 평소에 몸을 관리하는 것이 무엇보다 중요하다.

그래서 이제 해부학적·한의학적 관점에서 누구나 피로를 느끼기 쉬운 상반신을 관리하는 법을 소개하려 한다. 전문가의 도움 없이 스스로 실시하는 방법이므로, 기분 좋게 느껴질 정도의 강도로 만족하는 것이 좋다. 아플 만큼 세게 누를 필요는 없다. 되도록 조용하고 편안한 환경에서 실시하고, 관리하기 전에 비해 피로와 자각 증상이 얼마나 개선되었는지 비교해보자.

여기서 소개하는 방법은 어디까지나 등반 후의 피로 경감과 부상 예방을 위한 것이므로(등반 전에는 스트레칭이 더 효과적이다) 실시한 후에 증상이 더 심해지거나 불쾌한 감각이 느껴진다면 즉시 중지하자(방법이 잘못되었을 가능성도 있다). 또 부상을 당했거나 몸에 이상이 있다고 생각되면 무리하지 말고 되도록 빨리 병원 또는 전문 치료기관을 찾아가자.

셀프케어의 마음가짐
1. 등반 전에는 삼간다.
2. 집이나 기타 편안한 환경에서 실시한다.
3. 느린 호흡을 유지한다.
4. 관리하기 전후의 몸의 변화를 면밀히 관찰한다.
5. 너무 세게 하면 역효과가 나니 기분 좋게 느껴지는 강도로 만족한다.
6. 통증이나 불쾌한 감각이 느껴진다면 신속히 전문가와 상담하자.

목 주변 ①

항상 무거운 머리를 떠받쳐야 하는 목 근육은 일상생활에서도 자주 뭉친다. 특히 볼더링을 할 때는 높은 곳을 보는 시간이 길어서 목 앞쪽 근육이 뭉치기 쉽다. 그대로 내버려두면 경추에서 팔로 이어지는 신경과 혈관을 눌러 손의 혈액 순환을 방해하거나 신경 증상을 일으킬 수 있으므로 그때그때 적절히 조치해야 한다.

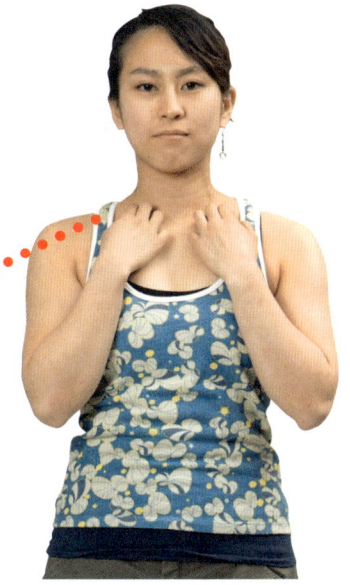

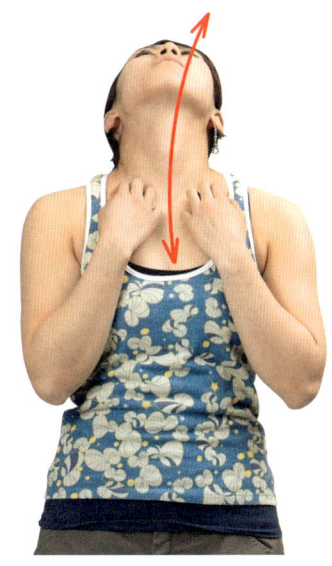

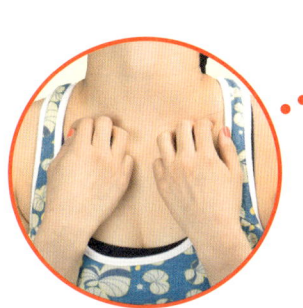

쇄골 바로 위의 푹 들어간 곳을 검지, 중지, 약지로 누른다.

손가락이 미끄러지지 않도록 주의하면서 목을 가동 범위의 50~70% 내에서 상하로 천천히 움직인다. 좌우로 기울이는 동작까지 병행하면 좋다.

목 주변 ②

등, 특히 어깨 주변의 근육은 거의 모든 볼더링 동작에 쓰이므로 특히 꼼꼼히 관리해야 한다. 목과 후두부 사이에는 승모근과 척주기립근을 비롯하여 등 전체를 뒤덮는 큰 근육들이 자리잡고 있는데, 이곳을 풀어주면 어깨 결림은 물론 요통도 완화할 수 있다.

귀 뒤쪽의 목 근육 중 후두골 가장자리의 푹 꺼진 곳에 엄지손가락을 넣어 아래에서 위로 눌러 올리듯 마사지한다.

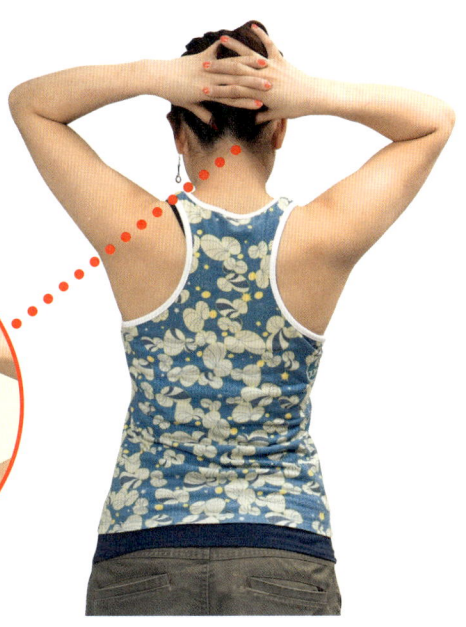

뭉친 곳에 엄지손가락을 대고 원을 그리듯 천천히 풀어준다.

어깨 ①

겨드랑이 밑에서 어깨 앞쪽으로 손을 넣으면 잡히는 것이 대흉근인데, 핸드홀드를 당기며 버티거나 칸테를 밀 때 주로 쓰인다. 이곳을 풀어주면 아래팔의 펌핑 해소나 피로물질 제거에 도움이 된다. 볼더링을 할 때뿐만 아니라 일상적으로 등이 구부러져 있는 사람은 이 근육이 뭉쳐 있을 가능성이 높다.

어깨 앞쪽에서 겨드랑이 밑에 네 손가락을 넣어 대흉근을 꼬집듯 하며 손바닥 전체로 압박한다.

손가락의 압력을 일정하게 유지하며 어깨를 천천히 돌린다.

어깨 ②

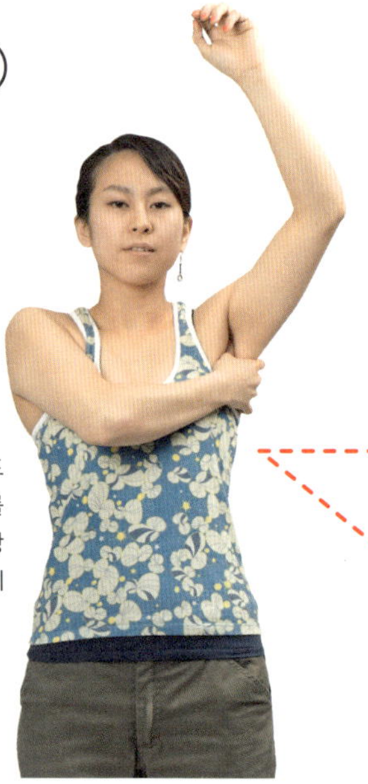

어깨 뒤쪽에서 겨드랑이 밑으로 엄지를 넣어 꼬집듯 하며 광배근을 손바닥 전체로 압박한다.

같은 요령으로 팔을 앞으로 천천히 올렸다 내린다.

겨드랑이 밑에 손을 넣었을 때 어깨 뒤쪽으로 잡히는 것이 광배근인데, 멀리 있는 홀드를 잡아당기거나 경사가 심한 벽을 오를 때, 맨틀 등 선반 모양의 홀드를 밀어 올릴 때 주로 쓰인다. 대흉근과 반대되는 방향으로 작용하므로 광배근까지 잘 풀어주면 부상 위험을 낮출 수 있다.

손가락의 압력을 일정하게 유지하며 팔을 옆으로 천천히 올렸다 내린다.

허리

클라이머 대부분이 요통과 허리 피로를 호소한다. 요통의 원인은 하반신에 있을 때도 있고 상반신에 있을 때도 있다. 종류도 원인도 매우 다양하여 하나의 효과적인 방법을 제시하기는 어렵지만, 침·뜸 치료에서는 요통 전반을 치료할 때 '지실'(志室)이라는 경혈을 이용한다. 이 경혈은 본인이 엄지손가락으로 누를 수 있는 곳에 있다.

허리의 잘록한 곳에 손을 올렸을 때 엄지손가락이 닿은 곳을 양쪽에서 등뼈 쪽으로 누른다.

엄지의 압력이 일정하게 유지되도록 주의하면서 천천히 무릎을 구부려 자세를 낮춘다. 이때 얼굴은 정면을 바라본다.

아래팔

아래팔은 등반 시 특히 혹사당하는 곳이므로 철저하게 관리하여 항상 최상의 컨디션을 유지하도록 해야 한다. 엄지손가락으로 누르기가 어렵다면 손을 뒤집어서 네 손가락으로 눌러도 된다. 단, 손가락을 세우지 말고 손가락 안쪽을 써서 넓게 압박하는 것이 중요하다.

손바닥을 앞으로 돌린 상태에서 아래팔의 팔꿈치 바깥쪽(엄지손가락 쪽)에서 가장 솟아오른 지점을 찾는다. 그곳을 손가락 안쪽으로 꾹 누른다.

꾹 누른 채로, 손목을 가동 범위 끝까지 천천히 돌린다.

누른 채로 팔꿈치를 천천히 구부렸다 폈다 한다.

아미노산 활용법

🌸 흔히 저지르는 잘못

이제는 거의 모든 사람이 운동 후에 아미노산을 섭취하고 있다. 볼더링도 예외가 아닌데, 건강보조식품을 잘만 이용하면 어느 정도의 효과를 기대할 수 있다. 따라서 아미노산의 효과와 그 섭취 방법을 살펴보기로 하자.

우선은 클라이밍 실력을 늘리기 위해 건강보조식품을 먹는 사람이 가장 쉽게 빠지는 오류를 짚어보겠다.

최근에는 약국이나 편의점에서도 '아미노산 배합' 또는 '××××1000밀리그램 함유' 등의 기능성을 내세운 건강보조식품을 흔히 볼 수 있다. 무심코 그 상품을 집어 드는 사람들 중에는, '유행하는 데다 관심은 있지만 무엇을 먹으면 좋을지 모르겠다.' → '일단 비싸거나 양이 많거나 유명한 걸 사 놓자.' → '그런데 언제 먹어야 할지도 모르겠고, 효과가 있을지도 미지수다.'라는 과정을 반복하는 사람이 많을 듯하다.

또 개중에는 'ㅇㅇ식품의 ×××× 푸드를 먹느니 클라이밍 슈즈를 튀겨 먹겠다.'는 결론에 도달한 사람도 있을 것이다(하하). 그것도 나름대로 이유가 있다고 여겨진다.

또, 그 정도는 아니지만 '실력은 전혀 늘지 않고 금세 피로해지네. 빨리 급수를 올릴 방법이 없을까?' → '건강보조식품을 먹으면 근력이 좋아져서 펌핑이 안 올지 몰라.' → '어쩐지 피곤하지만 건강보조식품을 먹고 힘내자.'는 착각 때문에 무리하다가 부상을 입은 사람이 있을지도 모르겠다. 심지어 그렇게 했는데도 큰 성과를 올리지 못하면 의욕까지 사라지기 십상이다. 정말 안타까운 일이다.

건강보조식품은 올바르게 이용하기만 하면 실력 향상에 도움을 주고 부상도 예방할 수 있다. 항상 쾌적한 등반을 즐기기 위해, 기본적인 스포츠 건강보조식품인 아미노산부터 살펴보자.

아미노산의 효과

섭취 목적

아미노산은 피로 경감과 회복에 효과가 있다고 하지만, 그 정도는 개인에 따라 크게 달라지므로 무엇을 얼마나 먹어야 할지 딱 잘라 말하기가 어렵다. 또, 아미노산은 육체의 한계치를 끌어올릴 수 없다는 것도 분명히 알아두어야 한다.

아미노산을 섭취하는 목적은 다음 세 가지다.

> 1. 피로 경감과 성과 유지
> 2. 피로 및 집중력 저하에 따른 부상 예방
> 3. 트레이닝 후의 근육 회복과 합성 촉진

아미노산의 효과와 작용 원리

아미노산이라고 뭉뚱그려 말해도 그 종류는 다양한데, 여기서는 'BCAA'(Branched chain amino acid)로 불리는 건강보조식품을 집중적으로 설명하겠다.

인간의 몸이 활동하기 위해서는 'ATP'(adenosine triphosphate. 아데노신3인산)라는 물질이 필요하다. 이 ATP는 체내에 축적되지 않으므로 운동으로 소비된 만큼 체내에서 새로 만들어내야 한다.

또 ATP는 체내 아미노산과 당질·지질이 변환하여 만들어지는데, 그중 무엇이 ATP로 변하느냐가 운동의 강도에 따라 달라진다. 예를 들어 강한 운동을 할 때는 크레아틴이, 약한 운동을 할 때는 글리코겐과 당질·지질이 ATP로 변한다.

구체적으로는 아래 표에 표시한 것과 같은데, 등반할 때는 대개 미들 파워가 쓰이므로 글리코겐이 소모된다.

등반에 필요한 글리코겐은 주로 탄수화물로 합성된 후 근육과 간에 저장되고, 운동에 의해 소비된다. 이 글리코겐이 부족하면 우리 몸은 근육을 분해하여 아미노산으로 만들고, 그것을 다시 ATP로 변환한다.

즉 미들 파워를 쓰느라 근육을 분해하여 아미노산을 만들었으므로 등반이 끝난 후에 근육 손상이나 근육통이 발생하는 것이다.

필요한 힘	ATP 공급원
하이 파워	크레아틴
미들 파워	글리코겐
로 파워	당질+지질

필요한 힘과 ATP 공급원의 종류.

❂ BCAA를 먹으면 피로를 느끼지 않는다고?

"BCAA를 먹으면 피로를 느끼지 않고 등반할 수 있나요?"라고 묻는 사람이 종종 있지만, 그 답은 그리 간단하지 않다.

글리코겐 저장량은 개인의 근육 총량과 영양상태 등에 따라 큰 차이가 있으므로 개중에는 BCAA에 의존할 필요가 없는 사람도 있다. 게다가 BCAA에 의한 피로 경감 효과에는 한계가 있다.

따라서 중요한 것은 다음이다.

- 힘을 최대한 절약하는 등반 기술을 배운다.
- 등반 후에는 잘 쉬어서 회복한다.
- (부상을 입지 않을 정도로만) 온 힘을 다해 등반하며 실력을 기른다.

초보 때부터 건강보조식품에 의존하다 보면 정신적으로도 큰 피해를 입게 된다. 왜일까?

원래 V1이 한계였던 사람이 훈련도 제대로 하지 않은 채 비싼 돈을 써서 건강보조식품을 먹었고, 어쩌다 보니 효험이 있어서(?) V3의 등반에 성공했다고 하자. 그런데 이 사람이 V3에서 한계를 느꼈을 때는 과연 무엇을 더 해야 할까?

건강보조식품은 마지막 수단으로만 미뤄두는 것이 좋다. 그렇지 않으면 건강보조식품이 훈련을 기피하는 핑계로 전락하여 결국은 볼더링을 시시하게 만들 것이다. 건강보조식품에 눈을 돌리기 전에 등반 기술을 연마하고 몸을 단련하는 것이 중요하다.

아미노산의 올바른 사용법

목표하는 루트나 과제가 명확한 상태에서 '한 발만 내디디면 되는데 마지막에 힘이 빠져서 아쉽다'는 사람, '피로가 너무 오래 가서 이틀이나 등반을 걸러야 했다'는 사람 등등, 목적의식이 분명한 경우에만 보조적 수단으로 아미노산을 섭취하자.

등반 전 ~ 등반 중
오르기 전에 BCAA를 5그램 정도 섭취하면 근육 분해를 억제할 수 있다. 또, 오르는 중에도 스포츠 음료수 등에 BCAA를 5~10그램 정도 섞어서 홀짝홀짝 마시면 피로를 경감시킬 수 있다.

그런데 여기서 주의할 점이 있다. BCAA는 발린·류신·이소류신이라는 세 아미노산으로 구성되는데, 그 세 가지를 합하여 5그램 정도가 필요하다는 것이다. 흔히, 포장지에는 '아미노산 2000밀리그램 배합'이라고 나와 있지만 발린·류신·이소류신의 실제 비율을 보면 500밀리그램 정도밖에 되지 않는 경우가 많다. 나머지 1500밀리그램은 다른 저렴한 아미노산으로 채운 것이다. 인터넷에서 상세히 살펴볼 수 있으니 되도록 핵심 성분이 많이 포함된 BCAA를 선택하자.

등반 후
등반 후에는 글리코겐을 보급하여 근육 분해를 억제하고 합성을 촉진하자.

1. 일단은 당을 보충

트레이닝 후에는 일단 포도당부터 공급한다. 포도당은 소모된 글리코겐의 보급을 돕고 근육의 분해를 억제하며 인슐린 분비를 촉진함으로써 근육의 합성을 촉진한다. 체형과 목적(증강인가, 유지인가)에 따라 기준이 달라지지만, 대략 20~50그램을 섭취하면 된다.

2. 다음은 글루타민

글루타민은 체내 아미노산의 약 60%를 차지하는 아미노산이다. 훈련 후에 BCAA만 먹어도 근육 분해를 억제할 수 있지만, 글루타민은 그뿐만 아니라 근육 합성을 촉진하는 역할을 하므로 더욱 효과적이다. 마찬가지로 체형과 목적에 따라 기준이 달라지지만 앞에서 말한 포도당과 함께 5~10그램 정도를 섭취하면 된다.

3. 마지막은 프로테인

근육 증강과 회복에는 프로테인이 최고다. BCAA가 너무 비싼 것도 프로테인을 추천하는 이유인데, 프로테인에는 BCAA에 없는 다양한 유효 성분도 포함되어 있다 (단, 흡수는 아미노산이 빠르므로 어디까지나 트레이닝 후에 섭취할 경우의 이야기다).

글루타민과 포도당을 섭취한 지 대략 15분이 지나면 기분이 좋아지며 성장 호르몬이 분비되므로 그때 체형과 목적에 따라 30~50그램을 섭취하자.

이런 과정을 통해 근육의 합성이 효율적으로 이루어질 것이다. 하지만 그래서 근육이 너무 많이 붙은 탓에 몸이 무거워져 등반을 못하게 되더라도 이 책을 원망하지는 마시길. 만약 그런 분이 있다면 다른 방면의 활약을 기대해보겠다(하하).

Climbing Talk

휴식은 중요해!

글. 잭 나카네

볼더링을 이야기하면서 휴식을 강조하는 게 이상할지도 모르지만, 강한 몸을 만드는 데에는 휴식만큼 중요한 것이 없다. 센터에 등록하자마자 갑자기 볼더링에 푹 빠져서 매일같이 센터에 출석하는 사람도 많다. 그러나 수준이 V3 이상이어서 몸이 완전히 만들어진 사람을 빼면 한 주에 4~5번이나 센터에 가는 것은 상당히 무리다.

볼더링에 적합한 몸을 만들려면 훈련을 통해 근력을 붙이고 힘줄과 인대를 강화해야 한다. 그러려면 일단은 근육 조직이 조금씩 파괴될 정도의 부하를 거는 훈련이 필요하다. 그러면 파괴된 부분을 이전보다 강하게 만들어 파괴를 방지하려는 과잉 회복이 일어난다. 이 과잉 회복은 밤에 잘 때 이루어지지만, 첫날 밤에는 현상 복귀 정도에 머무른다. 등반 이후 둘째 날 밤이 되어야 비로소 이전보다 강하게 회복되는 효과가 나타난다는 이야기다. 즉 48시간 이상의 간격을 두면 전보다 강해질 수 있는데도 매일 등반을 하느라 강해질 틈도, 손상을 완전히 회복할 틈도 허락하지 않는 것이다.

시작한 지 1~2년쯤 되어 몸이 아직 만들어지지 않은 사람은 되도록 한 주에 세 번까지만 등반을 하고, 그 사이에 하루 이상 휴식을 취해야 한다. 그래야 몸도 발달하고 실력도 향상된다는 것을 잊지 말자.

6

올바른 용품을 선택하자

실내 볼더링에 필요한 것은 슈즈, 초크 백, 브러시, 그리고 활동하기 편한 옷이다.
특히 클라이밍 슈즈는 등반 성과에 큰 영향을 미친다.
따라서 이번에는 초보가 슈즈를 비롯한 용품을 고를 때 참고할
기준과 주의할 점을 상세히 설명한다.

클라이밍 슈즈의 선택

우리나라에서는 라스포르티바, 파이브텐 등 6~7개 브랜드의 클라이밍 슈즈가 판매되고 있다. 상급자용, 초보용, 오버행용 등 수준별, 용도별로 자세히 구분되어 있어서 초보는 어떤 것을 선택해야 할지 헷갈릴 것이다.

클라이머 중에는 여러 개의 슈즈를 사놓고 자연 암벽과 실내 암벽, 슬랩과 오버행 등 용도에 따라 나누어 쓰는 사람이 많다. 심지어 센터에서 등반할 때도 과제의 종류에 따라 슈즈를 갈아 신는 사람이 있다.

그러면 이제 클라이밍 슈즈의 각부 명칭과 종류를 알아보고, 센터에서 주로 등반하는 초·중급자의 슈즈 선택 요령과 선택할 때의 주의할 점을 소개하겠다. 볼더링은 도구를 거의 쓰지 않는 스포츠이므로 슈즈만큼 성과를 크게 좌우하는 용품이 없다. 이 책을 참고하여 최고의 슈즈를 선택하자.

클라이밍 슈즈의 각부 명칭

신는 방법
주로 3종으로 나뉜다. 사진처럼 끈을 조이는 레이스 업(lace-up) 타입과 벨크로 타입, 슬립 온(slip-on, 슬리퍼) 타입이 있다.

토(toe)
클라이밍에서는 발끝의 발톱에서 발등 근처까지를 가리킨다. 이 부분을 홀드나 칸테에 거는 무브를 '토 훅'이라 하며 일부 슈즈는 토 훅을 걸기가 더 편한 형상으로 만들어진다.

밑창(sole)
발바닥의 고무창. 이 부분의 마찰력이 성과에 직결되므로 슈즈를 선택할 때 매우 중시된다.

풀 탭(pull tab)
신을 때 여기에 손가락을 넣어 당긴다. 타이트한 치수를 신어야 하므로 양손으로 당길 수 있도록 두 개가 있다.

슬링 샷(sling shot)
발꿈치를 앞으로 눌러주어 발끝에 힘을 집중시키는 역할을 한다. 또 아킬레스건 아래쪽을 누름으로써 힐 훅의 안정성을 높인다.

랜드(rand)
슈즈를 치장하듯 밑창 윗부분 측면에 둘러진 고무. 밑창만큼은 아니지만 마찰력이 중요하다.

클라이밍 슈즈의 종류와 특징

♦ 착용감 최고! 레이스 업 타입

발 모양은 사람마다 다르다. 똑같이 발 폭이 넓다고 해도 발끝 부분이 넓은 사람도 있고 발가락 뿌리 쪽이 넓은 사람도 있다. 그런 세세한 차이에 유연하게 대응할 수 있는 것이 레이스 업이다.

끈을 조이는 강도를 조정하여 발의 통증을 예방할 수 있고, 장시간 신어도 아프지 않은 큼직한 사이즈의 슈즈를 신었을 때도 끈을 조이기만 하면 발이 고정되어 작은 풋홀드를 디딜 수 있다.

한편 레이스 업은 다른 타입에 비해 신고 벗기가 번거롭다. 그러나 벨크로(특히 한 줄짜리)나 슬립 온은 사이즈에 여유를 두기 어렵고, 신고 벗을 때 발을 비틀거나 풀 탭을 강하게 당겨야 하므로 작은 슈즈를 신는 데 익숙하지 않은 초보에게는 레이스 업이 편할 것이다.

장점 발 사이즈에 맞추어 꽉 조이거나 느슨하게 풀 수 있다. 착용감이 좋고 신발 속에서 발이 움직이지 않아 안정적으로 풋홀드를 디딜 수 있다

단점 토 훅을 걸 때 신발 끈이 미끄러져 발이 어긋날 수 있다. 또, 끈을 꽉 매지 않으면 등반하는 중에 끈이 풀어질 수 있다.

신발 끈을 부드럽고 빨리 조절할 수 있는 스피도 레이스 방식은 벨크로 타입만큼이나 신고 벗기가 간편하다.

♦ 훅을 많이 쓰는 사람에게 인기 있는 슬립 온 타입

통칭 '슬리퍼'. 윗부분과 밑창이 모두 얇고 부드러워서 실내 암벽에서 즐겨 신는 사람이 많다. 발매 당시에는 연습용으로 쓰였지만 지금은 오버행에서 힐 훅과 토 훅을 걸기가 편리해서 폭넓게 활용되고 있다.

단, 슈즈가 늘어나 느슨해지면 작은 풋홀드를 디디기가 어려워지고 힐 훅을 걸다가 벗겨지기 쉽다. 그래서 어느 정도 늘어날 것을 감안해서 사이즈를 선택해야 하므로, 자신의 발 크기나 슈즈의 특성을 잘 모르는 상태에서는 선택하지 않는 편이 좋다.

장점 구조가 단순해서 가볍다. 가죽으로 만들어진 것은 발 모양에 잘 적응하므로 착용감이 특히 좋다.

단점 늘어날 것을 감안하여 사이즈를 선택해야 한다. 한번 늘어나면 사이즈 조정이 되지 않아 느슨해질 수 있다.

✿ 신고 벗기 쉬우며 적당히 잘 맞는 벨크로 타입

종류가 가장 많은 타입으로, 현재 주류라고 해도 과언이 아닐 것이다. 결론부터 말하자면 두루두루 쓸 수 있는 모델이 많아 처음 시작하는 사람에게 가장 알맞은 타입이다.

벨크로 타입은 신고 벗기 편한 데다 착용감이 레이스 업에 가깝다. 또, 벨크로 테이프가 발등을 조여주므로 다소 큰 사이즈를 신어도 슬립 온처럼 등반 도중에 벗겨지는 일이 없다.

단, 레이스 업처럼 발끝까지 사이즈가 조정되는 모델은 거의 없으므로 발끝의 폭(발 폭이 아님)이 넓은 사람은 형태가 발에 잘 맞지 않아 아플 수도 있다. 그런 사람은 발에 맞는 모델이 한정되어 있다. 이 문제를 해결하기 위해 나온 것이 세 줄짜리 벨크로 슈즈다.

또, 원래는 두 줄짜리가 표준이지만 토 훅을 걸 때 벨크로 테이프 때문에 미끄러지는 경우가 있어 이를 방지하기 위해 만들어진 것이 한 줄짜리다. 한 줄짜리는 발끝의 폭을 조정할 수 없으므로 어쩔 수 없이 발끝이 꽉 끼게 만들어진다. 그런데도 착용감이 좋고 경량이어서 요즘 발매되는 상급자용 슈즈의 대부분이 한 줄짜리 벨크로 타입이다.

즉 두 줄짜리나 세 줄짜리는 착용감이 뛰어난 반면 토 훅을 걸기 어렵고, 한 줄짜리는 토 훅이 걸기 좋지만 더 조여지는 느낌이 덜하다.

장점 레이스 업처럼 발 형태에 따라 조정할 수 있고, 슬립 온에 가까운 착용감을 얻을 수 있다. 또, 신고 벗기가 편하다.

단점 모델에 따라 벨크로 테이프가 미끄러져 토 훅이 잘 걸리지 않는 경우가 있다. 조일 수 있는 부분이 한정되어 있다. 또, 레이스 업의 끈처럼 벨크로를 교환할 수 없다.

토 훅을 걸기 쉬운 한 줄짜리 벨크로 슈즈 중에는 고급형 모델이 많다.

세 줄짜리는 신고 벗기가 편한 데다 발끝 폭의 조정도 가능하다.

소소한 지식!

볼더링 슈즈? NO! 클라이밍 슈즈

memo ✏️

볼더링이라는 말이 널리 알려지자 오해도 생겨났다. 그 오해를 대변하는 것이 '볼더링 슈즈'라는 말이다. 이 책을 처음부터 읽은 사람은 잘 알고 있으리라 생각하지만, 볼더링은 클라이밍의 한 종류다. 따라서 슈즈도 볼더링만이 아니라 전반적인 클라이밍(주로 프리 클라이밍)을 목적으로 만들어진다. 그러므로 '클라이밍 슈즈'라고 부르는 것이 정확하다.

사실 예전에 야외 볼더의 등반을 목적으로 한 모델이 기획된 적은 있지만 판매되지 못하고 무산되었다.

클라이밍 슈즈의 형태 차이와 장단점

✤ '다운 토'인가 '플랫'인가

클라이밍 슈즈의 변화를 이야기할 때 가장 중요한 것이 다운 토 슈즈의 개발일 것이다. 다운 토 슈즈는 오버행에서 풋홀드에 쉽게 발끝을 디딜 수 있게, 또 발이 잘 어긋나지 않도록 만든 것으로, 특히 경사가 심한 130~140도의 벽에서 그 진가를 발휘한다. 발끝으로 풋홀드를 움켜잡거나 끌어당기듯 디딜 수 있고, 루프에서 발이 홀드에서 떨어져 늘어지는 것을 막을 수 있다.

단, 발끝 부분이 갈고리 모양으로 만들어져 있어서 착용감은 그다지 좋지 않다. 또 밑창이 구부러져 있어서 스미어링이 어렵고, 발끝이 아래로 꺾여 있어서 홀드에 발끝을 거는 토 훅을 쓰기 어렵다. 이러한 약점은 루프 등 강한 오버행 등반의 편의성에 초점을 맞추었기 때문에 있을 수밖에 없다는 점을 알아두자.

반면에 플랫 타입은 밑창이 평평해서 착용감이 좋고 두루두루 쓸 수 있다. 초·중급자의 경우, 루프에서 발이 떨어지느냐 마느냐가 성공을 좌우할 만한 어려운 과제는 거의 주어지지 않으므로 처음에는 플랫 타입의 모델을 선택하는 것이 바람직하다.

플랫 타입
밑창이 평평해서 다용도로 쓸 수 있고 착용감이 좋다. 초보에게는 최적의 모델.

다운 토 타입
발끝이 갈고리 모양으로 되어 있어 오버행에서 풋홀드를 잡기 편하다.

✤ 인사이드 에지에 힘을 집중시키는 비대칭형

발끝이 엄지 쪽으로 크게 구부러진 형태를 '비대칭형'이라 한다. 수직에 가까운 벽에서 인사이드 에지로 작은 홀드를 디딜 때 효과적인 형태로, 특히 발을 높이 올려야 하는 인사이드 스텝 무브에 적합하다. 특히 엄지발가락 안쪽으로 홀드를 디디려 할 때 그 진가를 발휘한다.

하지만 엄지발가락보다 검지발가락이 긴 사람은 튀어나온 발가락이 슈즈에 눌려서 아플 수 있다.

이에 비해 일반형 슈즈는 다용도로 쓸 수 있고 착용감도 좋으므로 초보에게 적합하다.

발끝이 안쪽으로 틀어져 있어 엄지발가락 안쪽에 힘을 실어주는 비대칭형.

초보용 모델은 대부분 일반형이다.

✤ 밑창의 마찰력

'마찰력=마찰계수×면적×하중'이라는 법칙이 있다. 즉, 풋홀드와 밑창의 닿는 면이 넓을수록 잘 미끄러지지 않는 것인데, 보통 운동화처럼 밑창에 요철이 있으면 닿는 면적이 줄어들어 마찰력이 떨어지기 때문에 클라이밍 슈즈의 밑창은 밋밋하고 평평하게 만들어진다.

슈즈의 성능에 가장 큰 영향을 미치는 것이 이 밑창의 마찰력이라고 해도 과언이 아니다. 1980년대 초에 등장한 '보레알'(BOREAL)의 '피레'(Firé)는 여타 브랜드를 훨씬 능가하는 밑창을 선보여 세계를 놀라게 했다. 그 후 1990년대에는 '파이브텐'(Fiveten)이 '스텔스C4'라는 고무 밑창을 개발했다. 그 압도적인 마찰력 덕분에 파이브텐은 많은 클라이머들에게 선풍적인 인기를 얻었다. 지금도 그 인기가 식지 않고 있다. 시대마다 대부분의 클라이머가 피레나 파이브텐을 신었던 것을 보면 클라이밍 슈즈의 선택에 밑창의 마찰력이 얼마나 중요한지 알 수 있다.

지금은 뛰어난 밑창을 제공하는 회사가 많아져 파이브텐의 독점 상태는 해소되었다. 이제는 회사에 따른 밑창의 품질 차가 거의 없으며, 밑창을 만드는 회사인 '비브람'(Vibram) 등이 안정된 생산력과 품질로 수많은 슈즈 브랜드의 밑창을 공급하고 있다.

그러나 마찰력 좋은 밑창이 부드럽고 끈적거리기만 해서는 안 된다. 이런 밑창은 큰 풋홀드나 슬랩에 발을 찰싹 붙일 때는 분명 효과적이지만, 에지가 있는 작은 풋홀드를 자꾸 디디다 보면 체중과 발의 힘에 눌려서 변형되거나 닳아서 미끄러워지기 쉽다. 그런 점을 고려하여, 많은 슈즈 브랜드는 사용 목적과 상황에 따라 강도가 각기 다른 밑창을 적용한 슈즈를 선보이고 있다.

발매 때부터 '최고의 마찰력'이라는 찬사를 받았던 파이브텐의 스텔스 밑창.

일반 지면이나 암벽의 도입부에서 쓰는 어프로치 슈즈의 밑창은 땅 위를 걷기 좋도록 요철을 넣은 부분과 클라이밍하기 편하도록 평평하게 만든 발끝 부분('클라이밍 존'이라고도 부름)으로 나뉘어 있다.

발 모양에 맞는 슈즈를 찾는다

지금까지 슈즈의 특성과 타입에 대해 해설했는데, 가장 중요한 것은 자신의 발 모양에 맞는 모델의 정확한 사이즈를 선택하는 것이다. 아무리 평판이 좋고 성능이 뛰어난 모델이라도 발을 제대로 모아주지 않는다면 진가를 발휘할 수 없다. 게다가 발이 아파서 등반에 집중할 수 없다면 큰 손해다. 평소에 신는 신발은 발의 실제 사이즈보다 큰 사이즈를 고르지만 클라이밍 슈즈는 약간 작은 것을 골라야 한다. 그러나 초보는 작은 슈즈를 신는 데에 익숙하지 않으므로 무리하지는 말자. 신었을 때 발가락이 가볍게 구부러지고, 발끝으로 섰을 때 통증이 없는 것이 적당하다. 또, 새끼발가락이나 아킬레스건, 복사뼈 등이 신발에 닿아서 신경이 쓰인다면 슈즈가 발 모양에 맞지 않는 것이다. 그럴 때는 포기하고 다른 모델을 신어보아 비교적 잘 맞는 것을 선택하자.

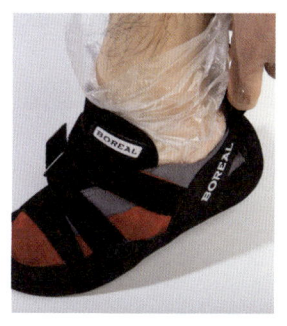

전시된 슈즈를 신어볼 때 손님의 편의와 위생을 위해 비닐 봉투를 발에 씌우도록 하는 매장이 있다. 이때 주의할 점은 비닐이 미끄럽기 때문에 상당히 작은 사이즈도 부드럽게 들어간다는 사실이다. 실제로는 '매장에서는 잘 들어갔는데 집에 와서는 아파서 신을 수가 없다'는 사람도 많으니 주의하자.

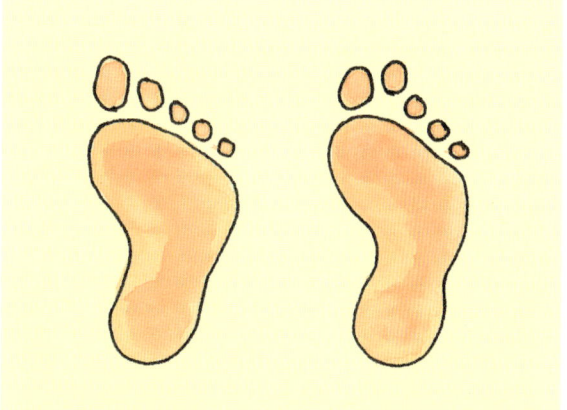

대부분의 클라이밍 슈즈는 엄지발가락이 긴 이집트형(왼쪽) 신발틀로 만들어진다. 그래서 발 모양이 검지발가락이 긴 그리스형(오른쪽)인 사람은 슈즈를 선택하기가 쉽지 않다. 또, 동양인은 서양인보다 발가락이 짧고 발 폭이 넓기 때문에 발끝이 둥근 타입이 잘 맞는 편인데, 이런 형태는 작은 풋홀드를 잡기가 불편해서 고급형 모델이 거의 없다.

발보다 약간 작은 사이즈를 선택한다. 처음에는 너무 작은 사이즈를 선택하지 않도록 하자.

❂ 두 번째 슈즈를 선택할 때 주의할 점

두 번째 슈즈를 구입하는 사람은 등반 실력을 향상시켜서 더 높은 난이도를 오르고 싶은 마음이 클 것이다. 그래도 지나치게 작은 사이즈는 피하기 바란다. 첫 번째 슈즈를 조금 큰 것으로 골랐다는 이유로 두 번째에는 사이즈를 지나치게 줄이는 경향이 있다. 발을 비틀어 넣어야 할 정도로 작은 것이 아닌, 그것보다 반 사이즈 정도 큰 것을 고르자.

클라이밍 슈즈의 관리법과 관련 용품

❂ 슈즈에서 악취가 난다면

요즘은 슈즈 안에 양말을 신는 사람도 있지만, 대부분은 맨발에 클라이밍 슈즈를 신을 것이다. 자주 신는 데다 잘 말리지 않은 채 계속 신으면 당연히 악취가 난다. 또 센터의 바닥을 맨발로 걸어 다니다가 그대로 슈즈를 신으면 먼지나 잡균이 땀과 섞이게 마련이다. 이것은 냄새를 유발하는 박테리아의 좋은 먹이다. 박테리아가 일단 번식하기 시작하면 아무리 방향제 등을 넣어도 냄새를 없애기 어렵다.

일단은 등반 후 통풍이 잘 되는 건조한 곳에 슈즈를 보관하는 것이 중요하다. 햇볕에 말리면 살균도 되고 냄새도 어느 정도 잡을 수 있지만 슈즈 품질이 떨어지므로 적당히 하는 것이 좋다. 알코올을 뿌리는 것도 냄새가 배기 전에는 효과가 있다. 단, 알코올 스프레이를 뿌린 후에는 잘 건조시켜야 한다.

요즘은 슈즈용 소취제가 인기 있다. 박테리아를 죽이는 성분이 들어 있다고 하니 냄새 때문에 고민이라면 한 번 써보기 바란다.

참고로 천연 가죽에는 소재 자체에 소취 기능이 있어 냄새가 잘 배지 않는다. 반대로 합성 가죽이거나 안감이 있는 슈즈에 냄새가 잘 배는 경향이 있다.

천연 돌가루로 소취 효과를 내는 '그랜즈 레미디'

땀을 잘 흡수하고 빨리 마르는 재질에 항균·방취 기능이 있는 클라이밍 양말.

❂ 마찰력을 향상시킨다

암벽용 브러시로는 슈즈에 묻은 먼지를 털어내거나 미끌미끌해진 밑창의 표면을 까슬까슬하게 만들 수 있다. 보레알에서는 사포, 철사 브러시, 천연모 브러시, 생고무 판을 하나로 합쳐놓은 제품을 판매한다.

또, 슈즈의 윗부분에 고무를 도포하도록 하는 제품도 있다. 토 훅을 쓸 때 슈즈의 마찰력을 높이기 위한 것인데, 슈즈를 자신에게 맞게 개조하려는 클라이머들이 자주 이용한다.

보레알의 브러시는 밑창의 마찰력을 향상시킨다.

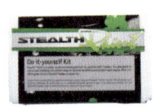
파이브텐의 '스텔스 페인트'로는 슈즈 윗부분에 스텔스 고무를 도포할 수 있다.

여성의 클라이밍 슈즈 선택

클라이밍이 곧 야외 암벽 등반을 의미했던 시대는 끝나고, 지금은 클라이밍 센터가 대중화되어 많은 여성이 피트니스 클럽에 다니듯 클라이밍과 볼더링을 즐기게 되었다. 따라서 비교적 체구가 작고 체중이 가벼우며 남성과 발 모양이 다른 여성들을 위한 전용 슈즈가 발매되는 것도 자연스러운 일이라 하겠다.

단순히 디자인이 여성스러워진 것이 아니다. 일례로 여성용 모델에는 비대칭형이 별로 없다. 여성은 X자 다리인 사람이 많아 대체로 아웃사이드 에지를 많이 쓰기 때문이다.

또, 남성이라도 발이 250밀리미터 이하로 작고 발 모양이 날씬한 사람은 여성용 모델이 잘 맞을 수 있다.

요즘 클라이밍 센터는 대체로 청결하여 여성도 부담 없이 이용할 수 있다.

거의 모든 회사가 여성 전용 모델을 판매한다.

'이볼브'의 '엘렉트라'(여성용, 아래 슈즈)는 디파이(남녀 공용, 위 슈즈)보다 뒤꿈치를 감싸는 부분이 작게 만들어져 있다. 여성은 발꿈치가 작아 남성용을 신으면 슈즈 테두리에 복사뼈가 닿기 때문이다.

초보에게 추천하고 싶은 실내 클라이밍 슈즈

클라이밍 슈즈를 이제 대략 이해했는가? 실내 볼더링 전용 슈즈는 아직 없으므로, 슈즈를 선택할 때 요즘 클라이밍 센터의 환경을 감안할 필요가 있다.

우선 밑창이 부드러운 모델이 좋다. 두껍고 딱딱한 밑창은 크고 둥근 인공 홀드에 잘 고정되지 않으며, 홀드의 모양을 발바닥으로 잘 느낄 수 없다. 단, 지나치게 부드러운 밑창이 가끔 있는데, 그것은 초보에게 적합하지 않으니 주의하기 바란다.

또, 극단적인 비대칭형, 다운 토 타입은 피해야 한다. 속칭 '스트레이트'라고 표현되는 일반형이야말로 다용도로 편하게 쓸 수 있고 발 통증이 거의 없다. 일반형 중에 초보용 보급형 모델이 많아서 일반형은 기능이 열등하다고 생각하기 쉽지만, 이는 명백한 오해다. 볼더링 월드컵에서 우승한 클라이머도 일반형 슈즈를 애용한다.

또, 센터에서 주로 신을 예정이라면 사이즈는 그다지 꽉 끼지 않아도 괜찮다. 예전에는 꽉 끼는 슈즈를 신는 것을 당연하게 생각했고 야외에서 아주 작은 풋홀드를 디디는 데에는 꽉 끼는 사이즈가 바람직하지만, 큰 홀드가 많은 센터에서는 그렇게까지 할 필요가 없다. 게다가 요즘은 슈즈의 기능이 좋아져서 그렇게까지 딱 맞는 것을 신지 않아도 등반에 큰 지장이 없다. 슈즈 안에서 발이 틀어지거나 등반 중에 벗겨지지 않을 정도면 충분하다.

볼더링 웨어

❀ 볼더링용 상의

볼더링 전용 상의가 있는 것은 아니다. 대부분은 티셔츠 정도로 만족하고 있을 것이다.

그러나 모처럼 볼더링을 시작했으니 괜찮은 티셔츠 하나 정도는 장만하고 싶을 것이다. 참고로, 조금이라도 더 편한 등반을 위해서는 소매가 없는 옷이 좋다. 팔을 크게 움직이고 자주 들어 올려야 하기 때문이다.

소재는 면 100%보다는 땀이 나도 들러붙지 않아 쾌적하고 모양이 망가지지 않는 통기성이 뛰어난 원단이 좋다. 최고의 기능을 갖춘 대표팀의 유니폼을 참고하면 좋을 듯하다.

편의성을 중시한다면 소매 없는 옷이 좋다.

스포츠 클라이밍 여제 김자인 선수의 대표 유니폼.

🧗 볼더링용 하의

볼더링에는 바지가 매우 중요하다. 바지의 기능은 슈즈와 마찬가지로 성적에 큰 영향을 미치기 때문이다. 바지는 일단 무릎을 보호하는 것이 중요하다. 특히 초보는 벽이나 홀드에 무릎을 부딪치기 쉬우므로 무릎이 노출되는 반바지 등은 피하자.

요즘은 밑단을 조이거나 7부 길이로 발목이 잘 보이게 만든 바지가 인기가 있다. 클라이밍 전용으로 만들어진 것은 대개 원단에 신축성이 있으며, 다리를 벌리기 쉽도록 가랑이 부분에 거싯(gusset)이라는 마름모꼴의 천이 덧대어져 있고 무릎이 입체 재단이 되어 있는 것이 많다. 클라이밍용 바지는 일반 운동복과는 활동 편의성이나 스타일 면에서 큰 차이가 있다. 또 여성은 너무 딱 붙는 것보다 조금 여유 있는 디자인을 선택해야 몸의 곡선이 드러나는 것을 신경 쓰지 않고 편하게 등반할 수 있을 것이다.

반드시 클라이밍 전용 바지를 구입하자.

무릎을 굽혔다 폈다 하기 편하게 만든 입체 재단.

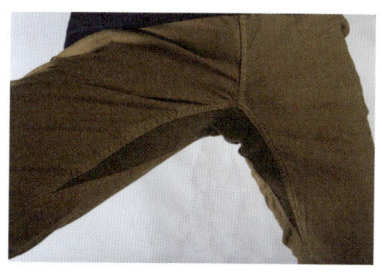

가랑이에 덧대진 거싯은 기능적으로 중요한 역할을 한다.

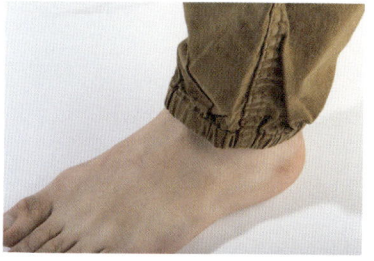

밑단이 조여져야 발 놓을 곳을 보며 오를 수 있다.

기타 클라이밍 용품

초크

초크란 탄산마그네슘 가루를 말하는데, 볼더링을 할 때는 여기에 송진 가루를 섞어 쓰기도 한다. 체조 선수들이 하는 것처럼 손에 초크를 잔뜩 묻혀야 땀이 나지 않아서 손가락의 근력이 발휘된다. 액체 타입은 갖고 다니기 편하고 한번 묻히면 손에 오래 남는 것이 장점이다. 그러나 바르고 나서 잘 건조시켜야 하는 데다 자주 바를 수 없고 손도 거칠어지는 것이 단점이다. 땀이 많은 사람은 발라도 금세 땀에 젖어 지워지기도 한다.

분말 타입이 가장 일반적이지만, 가루라서 공기 중에 흩어지므로 건강상의 이유로 사용을 금지하는 센터가 많다. 초크를 주머니에 담아놓은 초크 볼도 다양하게 판매되고 있다. 다양하게 써보고 자기 손에 잘 맞는 것을 찾으면 된다.

고체 타입은 공중에 흩어지지 않고 손과 손가락에 잘 스며들기 때문에 즐겨 쓰는 사람이 많다. 가루와 작은 덩어리가 함께 들어 있는 청키 타입도 있다.

액체 타입
초크와 송진을 알코올에 녹인 것이 대부분이지만, 송진이 없는 것도 있고 알코올을 사용하지 않는 것도 있다.

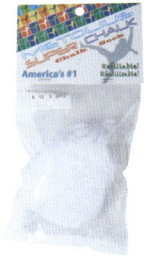

초크 볼
초크를 주머니에 담아놓은 것. 초크 백을 떨어뜨려도 잘 쏟아지지 않아 초크 볼 사용을 의무화한 센터가 많다.

고체 타입
손으로 쉽게 깨서 사용할 수 있으며 자신에게 맞는 크기로 잘라 사용하면 점차 각진 부분도 사용하기 편해진다.

청키 타입
분말 속에 작은 덩어리가 섞여 있다. 그대로 초크 백에 넣거나 초크 볼에 담을 수 있다.

브러시

홀드에 초크가 딱딱하게 굳은 채 붙어 있으면 손이 미끄러지기 쉽다. 또, 다른 사람의 땀이나 때가 홀드에 붙어 있으면 마찰력이 떨어져 등반이 어려워진다. 그래서 브러시로 홀드를 깨끗하게 청소하여 요철을 회복시킬 필요가 있다.

예전에는 낡은 칫솔을 쓰기도 했지만 요즘은 볼더링 전용 브러시를 많이 쓴다. 천연 말 털과 돼지 털 브러시는 홀드에 흠집을 내지 않으면서도 청소가 잘 되어서 인기가 많다. 야외 암벽에서는 등반 후 자신이 묻힌 초크를 털어내고 돌아가는 것이 규칙이므로 등반하러 갈 때 브러시를 반드시 지참해야 한다.

브러시의 털에는 인공모와 천연모가 쓰인다.

🎯 초크 백

초크를 휴대하거나 등반할 때 갖고 올라가서 필요할 때마다 묻히려면 초크 백이 필요하다. 예전에는 누구나 초크 백을 허리에 차고 등반을 했지만 실내 센터에서 등반하는 것이 일반화되자 초크 백을 바닥에 두고 등반하는 사람도 많아졌다. 바닥에 분말과 고형 초크를 넣은 초크 백을 두면 가루가 공중에 흩어지지 않아 편리하다. 요즘은 손에 구석구석 초크를 묻힐 수 있도록 초크 백 안쪽에 플리스나 보아를 덧댄 것이 많은데, 덕분에 감촉도 좋아졌다.

주둥이를 끈으로 조이는 천 주머니 형태가 많지만, 그 외에 주둥이를 비틀어 닫거나 돌돌 말아 닿는 것도 있어 휴대할 때 내용물이 쏟아지지 않도록 한다. 그러나 야외 암벽이나 긴 과제를 수행하기 위해서는 예전처럼 허리에 차는 형태의 초크 백도 필요하다. 초크 백을 자유롭게 이쪽저쪽으로 이동시키려면 허리끈은 너무 두껍지 않은 것이 좋다.

바닥에 놓아두는 볼더링 센터용 초크 백.

허리에 차는 초크 백은 긴 과제에 적합하다.

소소한 지식! — 초크는 털어내야만 가치가 있다!

초크를 바르면 마찰력이 좋아지지만, 홀드에 초크가 너무 많이 묻어 표면의 요철을 메울 정도가 되면 오히려 손이 미끄러지기 쉽다. 그럴 때는 홀드에 묻은 초크를 브러시로 깨끗이 떨어내자. 특히 슬로퍼나 크림프 홀드에서는 효과를 실감할 수 있을 것이다.

브러시는 칫솔이나 목욕할 때 쓰는 바디브러시처럼 일반적인 것도 괜찮다. 단, 금속으로 된 브러시는 부드러운 홀드에 흠집을 낼 수 있고, 야외 암벽에서는 돌을 부수거나 깎아낼 수 있으니 피하자.

미끄럼 방지 이외의 목적으로 홀드의 그립 포인트를 표시하기 위해 초크를 묻히기도 하지만, 온 사이트(루트를 처음 보고 즉시 완등하는 것)로 등반하는 사람이나 스스로 무브를 연구하고 싶은 사람에게는 방해가 되므로 등반을 끝낸 뒤 즉시 초크를 털어내는 것이 기본이다. 볼더링을 하지 않는 사람의 눈에 초크 자국은 그저 바위를 더럽힌 낙서처럼 보일 것이다. 야외에서 등반할 경우 반드시 깨끗이 털어내고 돌아가는 것이 예의다.

소소한 지식!

 memo

항상 놓쳤던 홀드도 잡게 해주는
전문가용 초크 기술

실력을 한층 향상시키기 위해, 절대 미끄러지지 않는 초크 기술을 소개하겠다. 전혀 다른 홀드를 잡는 것처럼 느껴질 정도의 강한 마찰력이 어려운 과제의 등반에 큰 도움을 줄 것이다.

준비물

1. 에코그립
천연 성분으로 만들어진 젤 타입 미끄럼 방지제. 손에 잘 스며들고 지워지지 않는다.

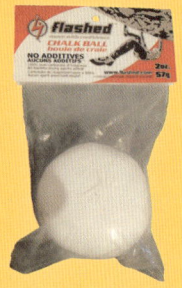

**2. 플래시드 클라이밍 초크 볼
(교체용 57그램)**
내용물 교체가 가능한 초크 볼(주머니만 사용할 예정)

3. 캠프 청키 초크
가장 일반적인 분말 초크지만 효과는 확실하다. 유명 클라이머들도 많이 쓴다.

사전 준비

플래시드 초크 볼 주머니에 '청키 초크'를 담는다. 주머니만 판매하지는 않으므로 내용물은 비우고 주머니만 사용한다. 플래시드의 초크 자체도 나쁘지 않지만 이 주머니의 촘촘한 원단이 적당한 양의 초크를 묻히기에 딱 좋다.

내용물을 다 담은 초크 볼의 바깥쪽에 '청키 초크'를 꼼꼼하게, 듬뿍 묻힌다. 이 상태로 초크 백에 넣으면 준비 완료. 대부분의 클라이밍 센터는 초크 백에 초크를 직접 넣는 것을 금지하므로 주의하자.

이것이 전문가의 초크 기술

에코그립을 손에 놓고 덩어리를 부수듯 손바닥 전체에 문지른다. 이렇게 하면 땀을 방지하는 효과도 있고 다음에 덧바를 초크의 지속성도 높일 수 있다. 화장으로 말하자면 파운데이션 밑에 기초화장품을 바르는 것과 같다.

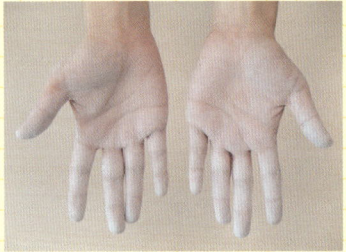

손바닥 전체가 하얗게 될 때까지 완전히 말려준 뒤 미리 만들어놓은 초크 볼로 초크를 덧바른다. 에코그립이 바탕에 있기 때문에 초크가 촘촘하게 묻고 잘 지워지지 않는다.

7

볼더링 용어 풀이

볼더링 용어는 영어에서 온 것이 많다. 대부분 외래어 병기는 영어이며, 프랑스어나 독일어에서 온 용어는 괄호 안에 따로 밝혔다. '속어'라고 표기한 것은 유래가 불명하지만 클라이밍에서 두루 쓰이는 용어이다.

ㄱ

가스통 gaston
세로 방향의 홀드를 엄지손가락을 아래로 하여 잡는 방법. 전설적인 등산 가이드인 가스통 레뷔파(Gaston Rebuffat)가 크랙을 양문 여닫이를 여는 듯한 자세로 오르는 사진이 있었던 것에서 유래한 말로 보인다.

그라운드 폴 ground fall
땅으로 추락함. 줄여서 '그라운드'라고 말하기도 한다. 종종 '그랜드 폴'이라고도 하는데 그것은 틀린 표현이다.

그레이드 grade
과제에 매겨진 난이도. 국가별로 표시 방법이 다양해서 적용이 복잡하다. 우리나라에서는 미국식 표시법을 주로 쓴다. 유럽에서 활동한 클라이머라면 프랑스식을 쓸 것이다.

그루브 groove
일반적으로 코너보다 넓게 열린 요각(凹角)을 말한다. 물의 침식 등으로 생겨난 얕은 고랑 등이 여기에 해당한다.

기어 gear
용품.

긴 과제(문제)
대개의 과제가 10번 정도의 스텝으로 종료되는 데 비해 이런 과제는 20개, 30번의 스텝이 필요하다. 센터에 따라서는 볼더링 암벽에 리드 클라이밍 훈련을 위한 긴 과제를 설정해놓은 곳도 있다.

ㄴ

니 록 knee lock
넓은 크랙에 무릎을 끼워 몸을 고정시키는 기술.

노 매트 no mat
볼더링 매트를 쓰지 않고 등반하는 것. 십 몇 년 전까지는 이것이 일반적이었지만 요즘은 거의 쓰이지 않는다. 매트 없이 오르는 것이 진정한 볼더링이라고 주장하는 클라이머도 있다.

니 바 knee bar
발끝과 무릎을 지렛대처럼 이용하여 몸을 고정시키는 휴식 기술. 요철이 심한 오버행에서 고드름 모양의 석회암을 이용하여 실시하는 경우가 많다. 이 기술이 보급됨에 따라 난이도가 낮아진 과제가 많다.

ㄷ

다이노 dyno
점프해서 홀드를 잡는 동작을 일컫는다. 일부에서는 발을 떼는 것을 '다이노', 발을 떼지 않는 것을 '런지'로 구분하여 부른다.

다이크 dike
바위의 단단한 부분이 튀어나와 띠 모양을 이룬 것. 화강암 암장에서 석영질 다이크를 종종 볼 수 있다.

다이히드럴 dihedral
바위의 요각. '오픈 북', '인사이드 코너'라고도 불린다. 프랑스어로는 '디에드르'(diedre).

닥터링(doctoring)
바위를 깎아내는 것. '치핑'(chipping)이라고도 한다.

더블 다이노 double dyno
양손 다이노.

더블 테이크 double take
먼 홀드를 잡을 때 중간 홀드를 거쳐 잡았다가 다음 홀드를 데드 포인트로 잡는 기술. 보통 중간 홀드는 그것만으로는 체중을 지탱할 수 없는 작은 홀드일 경우가 많다.

데드 포인트 dead point
몸의 중심을 벽으로 끌어당길 때 순간적인 무중력 상태가 발생하는 것을 이용하여 다음 홀드를 잡는 것.

도깅 dogging(속어)
엄밀히 말하면 리드 클라이밍에서 로프에 매달려 무브를 찾는 것을 가리키지만, 볼더링에서도 과제 도중에 연습하는 것을 종종 가리킨다. 미국에서는 최근까지도 반칙으로 간주되었다.

드롭 니 drop-Knee
한쪽 무릎을 안쪽 아래로 구부려 자세를 안정시키는 기술로 오버행에서 효과적이다. 일본에서는 '콘'으로 불린다. 일본 만화 《가키데카》의 주인공이 '하치조 섬의 콘'이라고 외치며 비슷한 동작을 한 것을 보고 일부 클라이머가 그렇게 부르기 시작했다고 한다.

ㄹ

랜딩 landing
지면에 착지하는 것. 또는 착지할 지면의 상태. 바닥이 비스듬하거나 바위가 있을 때는 '랜딩이 나쁘다'고 말한다.

랩 wrap
감싸 잡기. 튀어나온 홀드를 컵을 감싸듯 쥐는 방법.

레드 포인트 red point
이미 올라본 과제를 완등하는 것. 독일의 쿠르트 알베르트(Kurt Albert)가 등반 중인 과제에 빨간 동그라미를 그려놓았다가 완등 후 지웠던 것에서 유래한 말.

레스팅 resting
단순히 '쉬는 것'이 아니라 쉬기 위한 기술을 가리킨다.

레이백 lay back
손(당기기)과 발(밀기)의 오퍼지션(반대 방향의 힘)으로 몸을 지탱하며 3지점으로 오르는 기술. 크랙, 특히 코너 크랙을 오를 때 자주 쓰인다.

레지 ledge
사람이 겨우 서 있을 정도로 좁은 폭의 바위 선반.

루트 관찰
루트의 사전 조사. 온 사이트를 위한 중요한 작업이다. 경기에서는 보통 6분이 주어진다. 물론 자연의 볼더에서는 다른 누군가가 오르지 않는 한 한 시간이든 한나절이든 원하는 만큼 시간을 들일 수 있다.

루프 roof
오버행 각도가 180도인 것. 엄밀히 말해 '루프'는 '지붕'인데, 지붕 위의 슬랩 면을 기어가는 것은 아니므로 틀린 표현일지도 모르겠다. '실링(천장)'이라고 해야 정확할 듯.

리지 ridge
바위의 길게 뻗은 부분. 암릉(岩陵).

립 lip
일반적으로 컵 테두리 등을 부르는 말이지만, 클라이밍에서는 강한 경사에서 완만한 경사로 이어지는 경계면을 가리킨다.

ㅁ

마찰력 friction
신발 밑창과 바위 사이의 마찰력은 프리클라이밍의 매우 중요한 요소다.

매치 match
하나의 홀드를 양손으로 잡는 것. '손을 교대한다'는 의미로 쓰이기도 한다.

맨틀 mantel
'벽난로의 가장자리'를 뜻하는 '맨틀 셀프'와 비슷하게 생긴 볼더의 상판, 또는 홀드가 없는 선반 형태의 바위에 기어오르는 기술. 정확하게 말하면 '맨틀링' 또는 '맨틀 셸빙'이다. 무릎을 직각으로 구부리고 바깥쪽으로 뻗어서 기어올라야 한다.

문제 problem
과제. 주로 볼더링에 쓰이는 용어다.

ㅂ

밴드 band
능선이 가로로 길게 이어진 것. 에베레스트의 옐로밴드처럼 '그림 같은 풍경'을 가리킬 때도 쓰인다.

베타 플래시 beta flash
베타란 '정보'를 뜻한다. 즉 정보가 부가된 플래싱. 핵심부의 순서를 사전에 (혹은 오르며) 남에게 듣는 등을 가리킨다. 경우에 따라서는 남의 등반을 보는 것보다 더 큰 도움이 될 수 있다. '헤드 포인드'라고도 한다.

볼더 boulder
큰 암석.

볼더링 bouldering
볼더를 오르는 것. 로프 등 설치물을 쓰지 않고 트래버스하거나 안전한 높이까지 오르는 것도 포함한다.

볼더링 매트 bouldering mat
주로 아웃도어에서 이용하는, 운반 가능한 볼더링 전용 매트. 센터에는 거대한 매트가 깔려 있는 것이 일반적이지만 드물게 볼더링 매트를 사용하는 곳도 있다. '크래시 패드'라고도 한다.

브리징 bridging
= 스테밍.

ㅅ

3지점
양 손발을 4지점으로 보았을 때, 1지점을 움직이기 위해 남은 3지점으로 몸을 지탱하는 것. 거창하게 들릴지도 모르지만 신중하게 오르다 보면 누구나 3지점 자세를 취하게 되니 기술이라고 할 것도 없다. 오히려 현대의 클라이밍은 3지점을 무시해야 좋은 성과를 낼 때가 많다. '3점 확보'라고도 한다.

섕크 shank
신발 바닥을 단단하게 만들기 위해 넣는 경질 플라스틱 판 등.

세션 session
여러 사람이 하나의 과제에 도전하는 것을 가리킨다. 많은 사람이 참여하는 경기의 예선 등에서 자주 볼 수 있다.

셰이크 shake(속어)
팔을 흔들어서 근력을 회복시키는 일.

스미어링 smearing
스미어는 '문지르다'라는 뜻. 슬랩에서 주로 쓰이는 '문질러 딛기'를 가리킨다.

스태틱 static
'정적인'이라는 뜻. 스태틱 클라이밍에서는 일본의 스즈키 히데키가 유명하다.

스탠스 stance
골프, 야구 등에서 '발 위치'라는 뜻으로 자주 쓰이는 말. 원래는 '입장', '자세'를 뜻하는 영어 단어로, 오용이 가장 잦은 말이기도 하다. 정확한 표현은 '풋홀드'.

스테밍 stemming
발 벌려 버티기. 요각에서 자주 쓰이는 풋워크로, 다른 말은 '프리징'(freezing).

스트레뉴어스 strenuous
몹시 힘든 것. '스트레니'로 줄여 부르기도 한다.

스팟 spot
주로 야외에서 볼더링을 하다 떨어졌을 때 안전하게 착지할 수 있도록 돕는 것. 안전한 추락을 돕기 위해 대기하는 것을 일반적으로 '스팟을 봐주다'라고 표현한다.

스포트 클라이밍 sport climbing
기존의 프리 클라이밍에서 위험성·모험성을 배제한 것. 즉 로프를 묶고 등반하거나 인공 암벽에서 등반하는 것을 가리킨다. 종종 인공 암벽 등반을 의미하는 '스포츠 클라이밍'과 혼동하기 쉽지만 단수인 '스포트'(sport)임에 주의하자. 반대말은 '트래디셔널 클라이밍'(traditional climbing).

슬랩 slab
경사가 완만하고 매끈한 바위. 최근의 클라이머들은 오버행을 주로 등반하므로 90도 이하의 벽을 모두 슬랩이라 부르며 쉽게 취급하는 경향이 있다.

슬로퍼 sloper
앞으로 기울어진 에지 없는 홀드.

싯 스타트 sit start
'싯다운 스타트'(sit-down start)의 약어로, 바닥에 앉은 상태로 볼더링을 시작하는 것을 의미한다. 서서 시작하는 과제를 수행한 후에 이런 과제가 주어질 때가 많으므로, 일반적인 스타트보다 당연히 어렵게 설계된다.

ㅇ

아 뷔 a vue(프랑스)
= 온 사이트.

아레트 arête(프랑스)
바위의 튀어나온 부분이 세로로 길게 이어진 것. 독일어로 '칸테'라고 부르며 우리나라에서도 '칸테'라고 한다. 한자로는 움푹 들어간 '요각'의 반대말인 '철각(凸角)'. 영어로는 둘 다 '코너'.

아르케 arqué(프랑스)
= 크림프.

아웃사이드 스텝
벽을 정면으로 마주 보고 오르는 방법. 난이도가 높은 과제는 이 자세로 오를 수 없지만 초보는 이 스텝에 계속 집착하는 경향이 있다. 그런 사람을 '아웃사이드 클라이머'라고 한다.

어퍼 upper
신발의 상부. 바닥 이외의 부분.

알레 allez(프랑스)
'가라!', '힘내!'를 의미하는 구호.

R. P.
레드 포인트(red point)의 약자. 한 번에 완등하는 것. 사전 조사나 연습은 허용된다.

언더 클링 under cling
언더홀드를 잡는 방법. 손바닥이 위를 향한다.

언더 홀드 under hold
아래쪽을 잡게 되어 있는 홀드. '언더 컷'이라고도 한다.

에지 edge
테두리, 모서리, 언저리. 혹은 각이 있는 홀드.

에징 edging
클라이밍 슈즈의 기본적인 사용법. 특히 인사이드(엄지발가락 쪽) 에징을 쓰면 작은 풋홀드 위에도 안정적으로 설 수 있다. 어느 정도 바닥이 딱딱한 신발이 유리하다.

오버행 over hang
앞으로 기울어진 벽. 짧게 '행'이라고도 한다.

오토바이 탄다(속어)
등반 도중에 발이 부들부들 떨리는 모습을 오토바이 페달을 밟는 것에 비유한 말. 먼 풋홀드에 발을 뻗을 때 나타나기 쉬운 현상인데, 발에 무게를 실어 꽉 누르면 나아지는 경우가 있다.

오퍼지션 opposition
서로 반대되는 두 방향의 힘.

오프위드 off-width
폭이 오프(이 경우 '상식을 벗어난'을 의미) 사이즈인 크랙. 피스트(주먹 사이즈)보다 넓고 침니(굴뚝 사이즈)보다 좁아 오르기 어렵다.

오픈 핸드 open hand
크림프와 반대되는 개념으로, 손가락을 쭉 편 상태(완전히 펴는 것은 아님)로 홀드를 잡는 것을 말한다. 포켓 홀드 또는 앞쪽으로 기울어진 홀드에 효과적.

온 사이트 on-sight
처음 봄. 혹은 루트를 처음 보고 (로프에 의지하거나 추락하지 않고) 완등하는 일.

와이어 브러시 wire brush
큰 칫솔처럼 생긴 브러시로, 털 부분이 철로 되어 있다. 주로 루트를 개척하기 위해 바위를 청소하는 데에 쓴다. 바위가 깎여 나가므로 일반적인 볼더링에는 쓰지 말 것.

완등
다 오르는 것. 프리 클라이밍에서는 로프에 의지하거나 추락하지 않고 끝까지 오르는 것을 의미한다.

외경(外傾) 홀드
에지가 있으면서 앞쪽으로 기울어져 있어 잡기가 어려운 홀드를 말한다. 에지가 없는 것은 '슬로퍼'라 한다.

EB
프랑스산 클라이밍 슈즈. 1970년대 후반부터 1980년대 전반까지 오랫동안 클라이머들의 사랑을 받았다. 지금 만져보면 바닥이 굉장히 딱딱해서 깜짝 놀랄 것

이다.

인공 암벽
인위로 만든 암벽. '인공 등반을 위한 벽'이라는 뜻이 아니다. '클라이밍 월'이라고도 불린다.

인공 홀드
플라스틱 등으로 자연의 바위와 비슷한 감촉으로 만든 손잡이 또는 발 디딤대. 마찬가지로 '인공 등반을 위한 홀드'라는 뜻이 아니다.

잔여물
볼더 부근에 남아 있는 인공물의 총칭. 드물게 볼더링 매트 등을 놓아두고 가는 경우가 있는데, 이런 행동은 바람직하지 않다.

재밍 jamming
크랙 속에 손이나 발을 넣어 자세를 유지하는 기술. 통증을 동반할 때가 많다.

제한
과제를 설계할 때 설계자가 정해놓은 등반법. 흔히 주상절리를 등반할 때는 '좌우 요각과 칸테를 이용하지 않고 페이스만 활용하여 오른다'는 등의 제한이 있다. 한편 '코너는 반드시 아웃사이드 스텝으로 오른다', '오른쪽에 있는 홀드는 한 번씩만 쓴다'는 등의 특이한 제한을 걸어놓은 곳도 있다.

저그 홀드 jug hold
저그는 '주전자'라는 뜻. 주전자의 손잡이 같이 생긴 홀드를 말한다.

점프 스타트 jump start
땅에서 펄쩍 뛰어 출발점을 잡고 볼더링을 시작하는 방식. 볼더링은 홀드를 잡은 상태에서 시작하는 것이 암묵적인 규칙이므로 점프 스타트를 채택할 경우 과제를 발표할 때 그 사실을 알려야 한다. 한편 땅에 앉아서 시작하는 싯 스타트의 경우, 엉덩이의 반동으로 시작할 때가 많아서 '엉덩이 점프'라고도 불린다.

창갈이
신발 바닥을 교체하는 일.

초크 chalk
미끄러짐을 방지하기 위해 손에 바르는 가루. 전용 가방에 넣어 휴대한다.

초크 스톤 chock stone
크랙에 끼어 있는 돌. 때로는 2~3미터나 되는 거대한 것도 있다.

치킨 헤드 chicken head
닭 벼슬처럼 튀어나온 홀드.

침니 chimney
원래 의미는 '굴뚝'으로, 크랙 중 가장 넓은 것을 가리킨다. 스테밍, 백 앤 풋(등과 다리로 버티는 것) 등으로 오른다.

칩트 홀드(chipped hold)
치핑으로 만든 홀드. '촙드 홀드'는 잘못된 표현이다. 볼트를 잘라내는 것을 '초핑'이라 한다.

ㅋ

칸테 kante(독일)
튀어나온 각. 아웃사이드 코너.

캠퍼스 campus
발을 쓰지 않고 팔만으로 매달리는 것. 이 상태에서 팔 힘으로 몸을 끌어올려 다음 홀드를 잡는 것을 캠퍼싱(campusing)이라고 한다.

캠퍼싱 campusing
캠퍼스 보드로 불리는 도구를 써서 손가락 힘과 당기는 힘을 단련하는 훈련법.

컴피티션 competition
경기. 주로 리드 클라이밍, 볼더링, 스피드 클라이밍의 세 영역으로 나뉜다. 월드컵, 전국대회에서부터 센터 단위로 실시되는 지역 경기까지 그 규모와 레벨이 다양하다.

크래그 crag
암장(岩場). 바위가 많은 지형. 높이가 1,000미터 이상 되는 거벽(빅 월)은 제외한다.

크래시 패드 crash pad
볼더링에 쓰는 충격 흡수용 깔개. '볼더링 매트'라고도 한다. 이것 덕분에 볼더링이 안전해졌지만 오히려 시시해졌다고 말하는 사람도 있다.

크랙 crack
바위의 갈라진 곳. 재밍이라는 독특한 기술을 주로 쓴다. 인공 암벽에는 거의 없다.

크림퍼 crimpers
엄지를 보강해 잡는 아주 미세한 홀드.

크림프 crimp
홀드를 잡는 방법 중 하나. 손가락의 두 번째 관절을 구부리고 첫 번째 관절은 펴거나 뒤로 젖혀서 손끝으로 버틴다. 작은 에지에 효과적이다.

클라임 다운 climb down
로프에 매달리지 않고 혼자 힘으로(프리로) 내려오는 것. 어느 정도 올라갔다가 내려온 뒤 다시 올라서 목표점에 도달하는 것도 완등으로 간주한다(단, 경기에서는 땅을 디디면 탈락이다).

ㅌ

탄듀 tendu(프랑스)
= 오픈 핸드 그립.

토 훅 toe hook
발끝(토)으로 홀드를 걸어 당기는 것.

톱 로프 프라블럼 top-rope problem
= 톱 로핑 과제.
안전 장비 없이 오르기에는 너무 높고 리드 클라이밍을 택하기에는 너무 낮은 바위에 설정되는 경우가 많다.

톱 아웃 top out
바위나 벽 위로 기어오르는 것. 실내 암벽에서는 마지막 홀드를 잡으면 완등이지만 야외에서는 기어오르는 동작이 반드시 필요하다.

트래버스 traverse
옆으로 이동하는 것.

트리키 tricky
어렵고 독특한. '트리키한 무브', '트리키한 루트' 등으로 쓰인다.

틱 마크 tick mark
홀드의 위치를 알기 쉽도록 초크를 발라 표시해놓은 것. 야외에서는 이 표식이 지워지지 않고 남는 것이 문제가 되기도 한다.

ㅍ

파밍 palming
둥근 홀드 등을 손바닥으로 누르는 것.

펌프(속어)
과도한 사용에 의해 근육이 부풀어 오르는 것. '펌프 업'의 약자.

포켓 pocket
구멍 모양의 홀드. 크기에 따라 원 핑거, 투 핑거, 스리 핑거 포켓으로 불린다.

풋 프리
어떤 핸드홀드를 잡을지는 정해져 있지만 풋홀드는 아무것이나 디뎌도 되는 과제.

프로젝트 project
일반적으로 '계획, 기획'을 뜻하지만 클라이밍에서는 '시등(試登) 중인 과제'를 의미하며 'P'로 표기되는 경우가 많다. 따라서 루트 지도에 '프로젝트'라고 쓰여 있는 과제는 오르지 않는 것이 좋다. 누구나 올라도 되는 것에는 '공개(오픈) 프로젝트'라고 쓰여 있을 것이다.

프리 솔로 free solo
일반적으로 리드 클라이밍에 적합한 과제를 로프 없이 오르는 것을 의미한다. 물론 일반적이지는 않아서 소수의 클라이머만 가끔 도전한다. 그 대표로 존 바커(John Bachar), 피터 크로프트(Peter Croft), 르네 로베르(Rene-Rober), 알렉스 후버(Alexander Huber), 딘 포터(Dean

Potter) 등을 들 수 있다. 볼더링에도 프리 솔로에 가까운 하이 볼더 과제가 종종 있다.

플래깅 flagging
한쪽 발을 홀드에 딛지 않고 몸을 비스듬히 기울임으로써 균형을 잡아 다음 홀드를 잡는 방법. 바깥쪽 발을 휘두를 경우는 '아웃사이드 플래깅', 안쪽 발을 휘두를 경우는 '인사이드 플래깅'이라 한다.

플래싱 flashing
원래 (온 사이트까지 포함하여) 첫 번째 시도에 완등하는 것을 가리키는 말이었다. 이후에 온 사이트의 개념이 확립되자 둘을 구별하기 위해 '타인의 등반을 관찰한 뒤 한 번에 완등하는 것'만을 가리키게 되었다.

핀치 pinch
엄지손가락과 나머지 손가락으로 홀드를 꼬집듯 잡는 것. '핀치 그립'(pinch grip)의 약자.

핑거 팁 finger tip
아주 작은 에지.

핑거리 루트(속어)
작은 홀드가 계속되어 손가락을 혹사하는 과제를 말한다.

ㅎ

하니스 harness
클라이밍용 안전벨트. 원래 마차를 끄는 말에 매는 가죽 벨트를 뜻하는 말이었다.

하이 볼더 high boulder
일반적인 볼더가 3~4미터인 것에 비해 5미터를 넘는 높은 바위를 가리킨다. '하이 볼'이라고 줄여서 부르기도 한다.

하이 스텝 high step
높은 곳에 있는 풋홀드를 딛고 올라서는 무브. 몸이 정면을 보는 '프론트 하이 스텝'과 측면을 보는 '백 하이 스텝'으로 나뉜다.

핸드 잼 hand jam
크랙에 손을 끼워 넣어 버티는 것으로 재밍 중 가장 간단한 기술이다.

핸드 크랙 hand crack
손바닥 두께 또는 그보다 약간 넓은 크랙.

홀드 hold
손잡이, 발 디딤대.

후킹 hooking
발뒤꿈치를 이용해 오버행이나 루프를 오르는 동작.

힐 훅 heel hook
발꿈치를 홀드에 걸어 당기는 테크닉. 옛날에는 오버행의 출구 등에서만 쓰였지만 지금은 균형을 잡기 위해 약간 당기는 정도의 훅을 많이 쓴다.

Climbing Talk

새로운 과제를 개척하고 올라보는 재미

글. 잭 나카네

볼더링에서 무엇이 가장 재미있느냐고 묻는다면, '아무도 오르지 않은 미지의 볼더를 찾아내서 거기에 이상적인 루트를 그려보고 초등(初登)하는 것'이라고 답할 것이다. 한번 상상해보자. 깊은 산속이나 남쪽 바다의 어느 해안, 아니면 경치 좋은 어느 강가에서 거석을 발견하고는, 머리를 짜내서 무브를 연구하여 처음 보는 그 바위를 오르는 것이다. 먼지와 흙이 잔뜩 묻어 있거나 이끼가 끼어 있는 바위를 정성껏 청소해가며 몇 번이고 도전한다. 이렇게 두려움을 극복하고 짜릿할 만큼 높은 곳까지 기어이 올라가 우뚝 섰을 때의 기쁨은 세상 무엇과도 비교할 수 없다. 이미 유명해진 볼더링 구역을 찾아 여러 사람이 함께 등반할 때도 마찬가지다. 루트 지도에 없는 코스를 개발하거나 이미 정해진 코스 옆에 새로운 코스를 만들어 올라본다면 누구나 초등의 벅찬 기쁨을 느낄 수 있다.

클라이밍 센터에서도 이러한 초등의 기쁨을 맛볼 수 있다. 그저 새로운 코스를 설정하고 그것을 오르면 되는 것이다. 처음에는 본인이 자신 있는 무브나 좋아하는 홀드를 골라서 올라보는 것도 괜찮다. 일부 센터에서는 이렇게 스스로 개발한 재미있는 코스를 루트 수첩에 남겨서 다른 사람에게 전파하도록 하기도 한다. 어쨌든 초등은 재미있다. 여러분도 꼭 한번 도전해보기 바란다.

PHYSICAL TRAINING

신체 단련으로
실력을 높이자

지금까지 이 책을 통해 기본적인 균형 잡기와 자세, 무브, 스트레칭, 몸 관리, 용품 선택에 대해 배웠다. 이 내용만 실천해도 당신은 중급자에서 상급자로 발돋움할 수 있다. 하지만 그것만으로는 부족하다. 볼더링은 몸에 강한 부하를 거는 스포츠이므로 초보자의 경우 등반만으로도 충분한 단련이 되겠지만 더 높은 목표를 지향한다면 볼더링에 초점을 맞춘 신체 단련과 유연성 향상 훈련이 필요하다. 따라서 이제는 상급자가 되려는 사람을 위한 전문적인 훈련과 스트레칭, 몸 관리 방법을 상세히 해설한다.

글 = 지바 히로시   사진 = 세라타 이쿠코

글. 지바 히로시

1982년 10월생. 일본체육대학 졸업. 대형 피트니스클럽 트레이너를 거쳐 28세에 프리랜서로 독립. 23세부터 클라이밍을 시작했다. 볼더링 급수는 4단. 가나가와 현의 클라이밍 센터 'project'에서 '지바트레'로 불리는 강습회를 개최하고 있다. 고야마다 다이, 노구치 아키요, 엔도 유카 등 많은 유명 클라이머의 트레이너이기도 하다. 최신 훈련 프로그램 ViPR(www.vipr.jp)의 운영자로서도 활약 중.

★ 이번 장은 〈Rock&Snow〉의 연재 기사 '클라이밍을 위한 Physical Training'을 바탕으로 만들어졌습니다.

분리와 공동

각지에 클라이밍 센터가 생겨나고 대중매체에 클라이밍이 속속 소개됨에 따라 클라이밍 인구는 최근 수년간 급격히 증가했다. 클라이밍은 전신의 근육을 균형 있게 단련하고 건강한 몸매를 만드는 데 효과적이다. 또 유연성, 평형감각, 순발력 등 다양한 측면에서 체력을 단련하는 스포츠다. 게다가 성별, 연령, 체력 수준을 불문하고 누구나 즐길 수 있는 취미이기도 하다.

그러나 클라이밍이 부상이 매우 잦은 스포츠인 것도 사실이다. 클라이머는 목, 어깨, 허리, 고관절, 무릎, 손목, 발목, 팔꿈치, 손가락 등 다양한 부위에 부상을 입을 수 있다. 부상의 종류도 골절, 탈구, 인대 손상, 근파열, 건초염, 관절염 등으로 다양하다.

극단적으로 말해 1주일에 한 번, 반년 이상 클라이밍을 지속한 사람 중 관절에 아무 통증이나 이상도 없는 사람을 찾아보기가 오히려 어려울 것이다.

냉정히 생각해보면, 어깨 관절을 바깥으로 돌려 몸을 끌어당기는 '가스통'은 탈구를 일으키기 매우 쉬운 동작이다. 또, 무릎을 안쪽으로 비튼 채 거기에 체중을 싣는 드롭 니(사진 1) 역시 관절에 큰 스트레스를 준다. 그 외에도 볼더링에는 하이 스텝, 힐 훅, 원 핑거 포켓 그립, 착지 동작 등 부상 위험이 큰 동작이 셀 수 없이 많다.

과제의 난이도가 높아질수록 관절에 미치는 위험도 커진다. 지금은 관절에 아무 이상이 없다 해도 등반을 지속하는 동안 부담은 몸에 점점 쌓일 것이다. 따라서 아무 관리도 없이 등반을 계속한다면 언젠가는 분명 큰 대가를 치를 것이다. 그러다 부상을 입으면 클라이밍을 즐기지도, 실력을 향상시키지도 못하게 된다.

즉 클라이밍이라는 스포츠를 오래 즐기기 위해서는 적절한 신체 단련을 통해 부상의 위험을 최대한 낮추어야 한다.

서론이 길어졌지만, 이번 장에서는 클라이밍 실력을 안전하고 효율적으로 향상시키기 위한 신체 단련 방법을 소개하려 한다.

스포츠 과학은 해마다 눈부신 진화를 이룩했고 신체 단련 이론도 그에 따라 시시각각 변하고 있다. 그중에서도 최근에 등장한 가장 주목할 만한 이론은 '펑셔널 트레이닝'(functional training)이다.

이는 기능적인 동작, 즉 부상을 잘 입지 않는 동작, 효율적인 동작을 익혀야만 제대로 된 성과를 낼 수 있으며, 근육량과 근력을 늘리기만 해서는 최고의 성과를 얻을 수 없다는 이론이다.

이 펑셔널 트레이닝 이론에서 가장 중요한 것이 바로

무릎 관절에 통증을 유발하기 쉬운 대표적 동작. 고관절의 내회전 유연성이 떨어지는 사람이 이 동작을 취하면 무릎에 큰 부담이 간다.

'분리(分離)와 공동(共同)'의 개념이다.

분리와 공동이란

인간의 신체 기능을 최대한으로 발휘하려면 우선 각 관절의 특징과 역할을 깊이 이해할 필요가 있다. 인간의 관절은 크게 둘로 나뉜다.

하나는 가동 범위가 커서 '동작'을 담당하는 가동 관절, 두 번째는 가동 범위가 좁아서 '고정' 역할을 담당하는 고정 관절이다.

가동 관절의 대표는 흉추, 어깨 관절, 고관절, 발목, 손목이며, 고정 관절의 대표는 경추, 견갑골, 요추, 무릎 관절, 팔꿈치 관절, 발바닥이다.

가동 관절과 고정 관절은 인간의 몸을 함께 지탱하며 서로 영향을 미친다. 구체적으로 말하자면, 하나의 동작을 취하기 위해 가동 관절이 올바르게 기능하려면 이웃한 관절의 고정성(stability)이 반드시 필요한 것이다.

가령 다이노 동작(사진 2, 3)에서는, 가동 관절인 발목과 고관절을 원활하게 움직이기 위해 고정 관절인 발바닥과 요추를 단단히 고정시켜야 한다. 요추의 고정성이 낮으면 고관절과 함께 몸통까지 구부러져서 고관절의 가동성이 살아나지 않는다. 또, 요추의 고정성에 문제가 없다 해도 고관절의 가동성이 낮으면 요추가 보상 운동을 일으켜 자세가 흔들린다. 둘 중 어떤 경우든, 몸통이 안정되지 않은 탓에 동작이 불완전해지는 것이다.

가동 관절에는 '동작'의 역할을, 고정 관절에는 '고정'의 역할을 분담시키고 그 둘을 협동시킴으로써 기능적인 동작을 실현한다는 것이 '분리와 공동'의 개념이다.

기능적 동작으로 실현된 이상적인 다이노. 몸통이 확실히 고정된 상태에서 고관절과 발목이 크게 움직였다.

반드시 필요한 세 가지 조치

1. 가동 관절의 가동성을 높인다

세계적인 클라이머 노구치 선수의 다리 벌려 엎드리기. 노구치 선수가 다양한 무브를 정확하고도 무리 없이 수행할 수 있는 것은 이처럼 고관절의 가동 범위가 넓기 때문이다.

2. 고정 관절의 고정력을 높인다

요추의 고정력을 높이기 위한 기본적인 몸통 운동. 고관절과 흉추의 가동성을 살리기 위해서는 요추가 반드시 고정되어야 한다.

3. 다양한 동작을 통해 분리와 공동을 실천한다

분리와 공동이 적절히 실현된 이상적인 점프 동작. 다이노와 데드 포인트의 기초가 되는 동작이다.

자세를 개선하자

유명 클라이머의 몸은 일반인과 무엇이 다를까? 어떻게 훈련해야 그들과 같은 동작을 실현할 수 있을까? 이번 장에서는 이 질문의 답을 클라이머 여러분에게 공개하려 한다.

그 첫 번째 답이 118쪽에서 소개한 '분리와 공동'의 개념이다. 이것은 간단히 말해, 운동을 할 때 움직여야 할 관절과 고정해야 할 관절을 적절히 나누어 쓰는 것이다. 유명 클라이머는 인체의 구조적 특징을 파악하고 가장 효율적인 동작을 훈련한다. 그래서 다른 사람은 상상도 할 수 없는 신체 기능을 실현하는 것이다.

또, 그들이 혹독한 트레이닝 중에도 부상을 입지 않는 것은 관절에 무리가 없는 동작이 무엇인지 잘 알고 있기 때문이다. 독자 중에는 몸에 강한 부하가 걸릴 때마다 관절 어딘가가 아픈 사람이 많을 것이다. 짚이는 데가 있는 사람은 자신의 동작을 돌아보자. 부하를 걸어 신체를 단련하기 전에 부상을 피하는 동작부터 익혀야 한다.

이론을 습득하는 것도 중요하지만, 글을 읽고는 제대로 이해하기 어려운 부분도 많을 것이다. 그러므로 이제는 클라이밍 센터에서 많은 사람이 실시하는 운동 동작을 '분리와 공동'의 관점에서 해설해보려 한다.

분리와 공동의 원칙

하나의 동작을 취하기 위해 한 관절의 가동성을 살리려면 이웃한 관절의 고정성이 필요하다. 따라서 스트레칭과 근육 훈련을 할 때는 다음 두 가지를 유념하자.

> 1. 움직일 관절은 어디인가?
> 2. 고정할 관절은 어디인가?

고정할 관절을 고정하지 않은 채 운동을 계속하면 몸에 나쁜 습관이 배게 된다. 또, 목, 허리, 무릎 등 고정성이 높은 관절은 공통적으로 가동 범위가 좁은데, 이런 관절을 원래 가동 범위 이상으로 무리하게 움직이려 하면 부상을 입을 수 있다. 어떤 운동이든 방법이 잘못되면 몸에 오히려 나쁜 영향을 미친다는 점을 잊지 말자.

정리

지금까지 등장한 내용이 모두 당연하게 느껴질지도 모른다. 그러나 잘 생각해보면 어딘가 놓쳤던 부분이 있지 않을까? 머리의 위치, 등의 모양, 골반의 각도, 움직여야 할 관절과 고정해야 할 관절 등을 의식하며 동작을 취한다면 운동의 효과가 틀림없이 향상될 것이다.

클라이머 중에는 '전에는 자세를 의식하지 않고 스트레칭을 해왔다', '팔굽혀펴기를 하는데도 복근이 제일 먼저 피로해졌다', '자세를 고쳐서 턱걸이를 했더니 성적이 확 떨어졌다'고 고백하는 이가 많다. 훈련의 강도를 높이고 양을 늘리기 전에 일단은 올바른 동작을 취하는 것이 중요하다. '동작'에 집중하는 것만으로도 운동에 대한 관점 자체가 달라질 것이다.

분리와 공동의 관점에서 기본적인 운동 자세를 개선한다

1. 다리 벌려 엎드리기

움직일 관절 → 고관절
고정할 관절 → 무릎 관절, 골반 관절, 등

잘못된 동작
① 무릎이 구부러진다.
② 등이 구부러진다.
③ 고관절이 아닌 등뼈가 움직인다.

올바른 동작
① 무릎을 쭉 편다.
② 등을 곧게 편다.
③ 바닥과 평행을 유지하며 손으로 무언가를 누르듯 고관절부터 천천히 접어나간다.

2. 대퇴부 앞쪽을 늘리는 스트레칭

움직일 관절 → 무릎 관절, 고관절
고정할 관절 → 무릎과 고관절 이외의 관절, 골반, 등뼈

잘못된 동작
① 허리가 뒤로 젖혀진다.
② 무릎이 안쪽으로 비틀린다.
③ 양 무릎이 벌어진다.
④ 발목이 밖으로 꺾인다.
⑤ 무릎이 바닥에서 떨어진다.

올바른 동작
① 허리가 젖혀지지 않도록 하복부에 힘을 준다.
② 양 무릎 사이를 주먹 너비로 조인다.
③ 무릎이 안으로 돌아가지 않도록, 앞 허벅지가 위를 똑바로 향하게 한다.
④ 뒤통수에서부터가 아니라 엉덩이→허리 순으로 바닥에 붙인다.
⑤ 무릎이 뜨지 않도록 바닥에 누른다.

3. 팔굽혀펴기

움직일 관절 → 어깨 관절, 팔꿈치 관절
고정할 관절 → 무릎 관절, 견갑골, 등뼈

잘못된 동작

① 무릎이 구부러진다.
② 등이 구부러진다.
③ 어깨가 올라간다.
④ 머리가 지나치게 내려간다.
⑤ 팔꿈치가 올라간다.
⑥ 가슴이 깊이 내려가지 않는다.

올바른 동작

① 발꿈치, 엉덩이, 후두부를 일직선으로 유지한다.
② 어깨를 내려서 목을 늘인다.
③ 견갑골을 가볍게 조이고 가슴을 편다.
④ 양 무릎을 쭉 편다.
⑤ 아래팔이 바닥에 수직이 되도록 한다.
⑥ 가슴을 바닥에 닿을 듯 말 듯하게 내린다.

4. 턱걸이 또는 캠퍼싱

움직일 관절 → 어깨 관절, 무릎 관절, 견갑골 하부(회전 동작)
고정할 관절 → 견갑골 상부, 등뼈

★ 끌어당기는 동작이 잘못된 사람이 매우 많다. 그 탓에 견갑골과 어깨 관절의 연동(견갑・상완 리듬)이 잘 이루어지지 않아 어깨 부상이 빈발하는 것이다. 견갑골의 동작 원리를 올바르게 이해하고 자세를 고쳐 나가자.

잘못된 동작

① 허리가 뒤로 젖혀진다.
② 견갑골이 올라가서 어깨가 위로 솟아오른다.
③ 목이 뒤로 지나치게 젖혀진다.
④ 무릎이 올라간다.
⑤ 가동 범위가 좁다.
⑥ 등 근육보다 무릎을 구부리는 힘을 활용하여 올라가려 한다.

올바른 동작

① 발꿈치, 엉덩이, 후두부를 일직선 상으로 유지한다.
② 어깨를 내려서 목이 길어지도록 한다.
③ 아래팔이 바닥과 수직을 이루도록 한다.
④ 겨드랑이를 조여 팔이 몸에 딱 붙도록 끌어당긴다.

견갑골과 등뼈의 가동 범위를 넓히는 5분 운동

여기서는 5분이면 실천할 수 있는 상체 운동을 소개하겠다.

이 운동은 자세의 변형과 어깨의 이상을 방지하는 데 매우 효과적이다. 또, 견갑골과 등뼈를 올바르게 제어할 수 있으면 성과도 상당히 향상될 것이다. 준비운동을 할 때 꼭 실천해보자.

1. 견갑골의 내회전, 외회전 스트레칭

> 효과 : 견갑골의 부상을 예방하고 횡적 가동 범위를 확대하며 팔이 아닌 등으로 당기는 감각을 배운다.
> 횟수 : 3초×3초 정도의 느린 속도로 10회 반복한다.

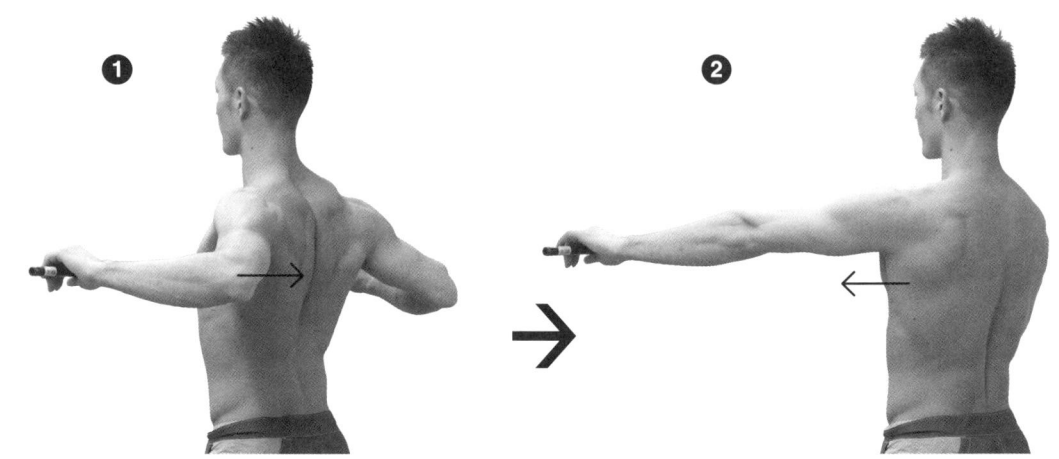

동작 설명

① 등을 곧게 편 채로 견갑골을 등 중심 쪽으로 접으며 봉을 가슴 쪽으로 당긴다.

② 팔꿈치를 펴고 어깨를 앞으로 내밀며 봉을 몸 앞쪽으로 최대한 멀리 보낸다. 견갑골을 옆으로 크게 벌리는 듯한 느낌으로 실시한다.

★ 봉이 없으면 수건으로 대신해도 된다.

효과를 높이기 위한 포인트

- ①에서 가슴을 내부로부터 넓히듯 숨을 천천히 들이마시고, ②에서 숨을 내쉰다.
- 팔꿈치가 어깨의 횡적 연장선상에 있는 상태에서 팔꿈치가 90도로 접히도록 실시한다.

2. 견갑골의 하방 회전, 상방 회전 스트레칭

효과 : 어깨 관절의 장애 예방, 종적 가동 범위 확대,
팔이 아닌 등으로 당기는 감각을 배운다.
횟수 : 3초×3초 정도의 느린 속도로 10회 반복한다.

동작 설명

① 팔꿈치를 펴고 견갑골을 최대한으로 끌어올리며 봉을 최대한 높이 들어 올린다.
② 팔꿈치를 구부리고 견갑골을 내려서 귀와 어깨가 최대한 멀어지게 한다.

★ 봉이 없으면 수건으로 대신해도 된다.

효과를 높이기 위한 포인트

- ①에서 가슴을 내부로부터 넓히듯 숨을 천천히 들이마시고, ②에서 숨을 내쉰다.
- 팔꿈치가 어깨의 횡적 연장선상에 있는 상태에서 팔꿈치가 90도로 접히도록 실시한다.
- 머리의 위치, 등의 자세, 하반신은 고정된 상태로 유지한다.
- 봉을 움직일 때는 아래팔이 지면과 항상 수직을 이루어야 한다.
- 봉을 크게 움직이는 것보다 견갑골을 크게 움직이는 데 집중한다.

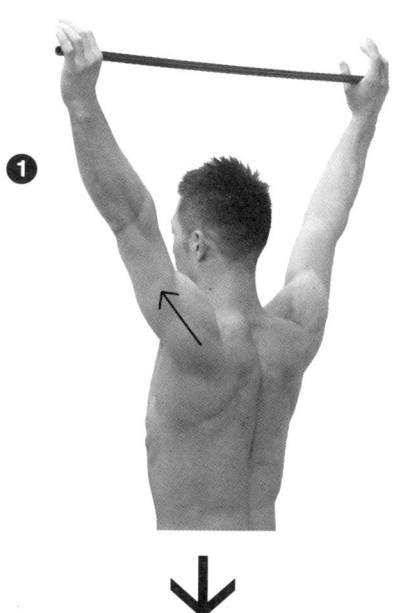
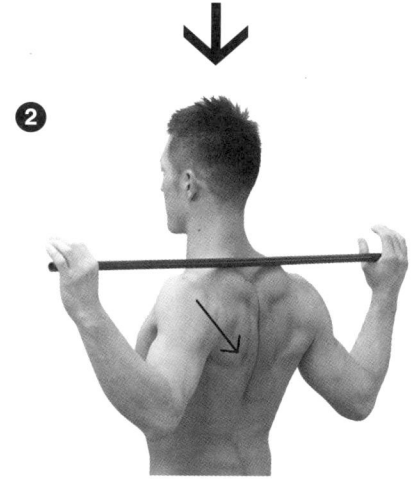

3. 고양이 등 스트레칭

효과 : 허리, 등, 목의 부상 예방 및 개선, 등뼈와 견갑골의 운동성 향상.
횟수 : 4초×4초 정도의 느린 속도로 10회 반복한다.

동작 설명

① 어깨를 앞으로 내밀며 견갑골을 등뼈에서 멀리 떼어놓는 느낌으로 등 전체를 최대한 구부린다.
② 어깨를 뒤로 당겨 견갑골과 등뼈를 붙인다는 느낌으로 등뼈 전체를 최대한 뒤로 젖힌다.

효과를 높이기 위한 포인트

- ①에서 가슴을 내부로부터 넓히듯 숨을 천천히 들이마시고, ②에서 숨을 내쉰다.
- 어깨 바로 밑에 손목이, 엉덩이 바로 밑에 무릎이 있도록 한다.
- 골반, 등뼈, 견갑골을 동시에 움직이려고 노력한다.
- 허리와 목만 움직이기 쉬우므로 견갑골과 골반의 동작에 집중한다.

4. 코브라 트위스트

효과 : 굽은 등 예방 및 개선, 어깨 부상 예방, 견갑골 내회전과 흉추의 가동 범위 확대.
횟수 : 3초×3초 정도의 느린 속도로 10회 반복한다.

동작 설명

① 무릎을 모으고 똑바로 엎드린 채 엉덩이 근육을 단단하게 수축시키고 배 주변의 모든 근육을 배꼽 쪽으로 오므린다.
② 팔을 어깨에서부터 바깥쪽으로 비튼다. 동시에 견갑골을 비스듬히 아래로 당기면서 가슴을 바닥에서 들어 올린다.

효과를 높이기 위한 포인트

- ①에서 가슴을 내부로부터 넓히듯 숨을 천천히 들이마시고, ②에서 숨을 내쉰다.
- ②에서는 허리부터 뒤로 젖혀지도록 배 근육의 긴장을 유지한다.
- ②에서는 어깨를 내려서 목이 길어지게 한다.
- 팔의 동작, 견갑골의 동작, 등뼈 위쪽을 젖히는 동작에 집중한다.
- 시선은 계속 바닥을 향하며 턱이 들리지 않도록 주의한다.

정리

미국의 유명 클라이머 시라이 아시마는 등반 전후에 하는 자신만의 습관을 소개한 적이 있다. 등반 전에는 스트레칭을, 등반 후에는 팔굽혀펴기와 브리지 운동을 꼭 챙겨서 한다고 한다. 그러면서 미국에서는 클라이머 연습생에게 자세 변형과 부상 예방을 위한 몸 관리 방법을 지도하는 것이 일반화되어 있다고 말했다.

대부분 아직까지는 '클라이밍은 부상을 피할 수 없는 스포츠'라는 생각이 강하다. 몸이 아파도 참고 오르는 것을 미덕으로 생각하는 풍조까지 있다. 하지만 등반 전후에 몸 관리를 철저히 하면 대부분의 부상을 예방할 수 있다. 통증은 관절에 무리한 부담을 주는 동작 때문에 생긴다는 것을 잊지 말기 바란다.

앞에서 소개한 5분 운동을 1주일에 2~3회, 1개월만 올바른 자세로 실시하면 목, 어깨, 허리의 상태가 상당히 호전될 것이다. 지금까지 거의 쓰이지 않았던 관절의 기능을 새삼 인식할지도 모른다.

등반 준비에 최고의 효과를 발휘하는 스트레칭 3종

한 마디로 스트레칭이라고 말하지만 그 종류는 매우 다양하다. 대표적인 것이 축구 선수가 시합 전에 실시하는 '다이내믹(dynamic) 스트레칭', 반동을 쓰지 않고 정적인 동작으로 실시하는 '스태틱(static) 스트레칭', 국민체조처럼 반동을 써서 근육을 늘리는 '발리스틱(ballistic) 스트레칭' 등이 있다.

어떤 형태든 바른 자세로만 실시한다면 관절의 가동 범위를 넓힐 수 있다. 그러나 각각 장단점이 있으므로 목적과 시기에 맞추어 구분하여 실시하는 것이 중요하다.

이번에 소개할 액티브 스트레칭은 '상반 억제'라는 몸의 원리를 이용한 스트레칭으로, 워밍업이나 쿨다운에 모두 활용할 수 있는 효과적인 방법이다.

'상반 억제'(相反 抑制)란 '한 근육이 수축하면 그와 반대로 기능하는 근육은 이완한다'는 특징이다. 가령 팔꿈치 관절의 경우, 팔을 구부릴 때 팔 앞쪽의 삼두근이 수축하면 그와 동시에 뒤쪽의 이두근을 수축시키라는 지령이 뇌에서 전달된다. 그 결과 팔꿈치가 부드럽게 구부러지는 것이다. 팔 뒤쪽에 손을 대고 팔꿈치를 구부려보면 앞쪽 근육이 수축하는 동시에 뒤쪽 근육이 늘어나는 것을 느낄 수 있다.

즉, 허리 근육을 늘리고 싶을 때는 복근을 수축시키면 된다. 허벅지 뒤쪽 근육을 늘리고 싶을 때는 허벅지 앞쪽 근육을 수축시키고 종아리 근육을 늘리고 싶다면 정강이 근육을 수축시키면 된다. 이런 원리에 입각한 스트레칭이 바로 '액티브 스트레칭'이다. 스트레칭이 능숙한 사람이라면 이런 원리를 무의식중에 실천하고 있을 가능성이 높다.

1. 스스로 근육을 수축시키는 힘 이상의 부하가 걸리지 않으므로 안전하다.
2. 근육을 적극적으로 활동시켜 가동 범위를 넓히는 동시에 근육 온도를 높일 수 있다.
3. 자세를 제어하는 법, 근육에 힘을 주는 법, 힘을 빼는 법을 학습하는 데에 최적이다.

등반 전에 최고의 효과를 발휘하는 액티브 스트레칭 3종

1. 아이언 크로스

> 효과 : 몸 뒤쪽 근육 전체의 가동 범위 확대(종아리, 허벅지 뒤쪽, 엉덩이, 허리 등).
> 횟수 : 스트레칭 자세를 올바르게 취한 뒤 3초간 유지 × 3세트.

힘을 준 채 3초간 유지한다.

동작 설명

① 손바닥이 위를 보게 하고 양팔을 어깨 옆에 벌린 채 똑바로 눕는다.

② 한쪽 발을 대각선 위쪽의 손바닥에 최대한 근접시킨다. 움직이는 발 외의 몸은 되도록 고정시킨다.

★ 몸 뒤쪽의 근육이 늘어났다고 느껴지면 힘을 빼지 말고 그 자세를 3초간 유지한다.

효과를 높이기 위한 포인트

- ①에서는 숨을 내쉬며 몸통 근육의 긴장감을 유지한다.
- 시선은 움직이는 발의 끝을 본다.
- 움직이지 않는 쪽의 발은 엉덩이에 힘을 단단히 주어 움직이지 않도록 한다.
- 움직이는 발에 딸려 견갑골이 바닥에서 떨어지지 않도록 몸통 근육에 힘을 준다.
- 움직이는 발의 발목은 최대한 접고 무릎은 펴고, 고관절을 최대한 구부린다.
- 허리 근육도 늘려야 하므로 배에 힘을 주며 허리를 비튼다.

★ 움직이고 싶은 관절뿐만 아니라 고정된 관절까지 의식하며 실시한다.

2. 월드 그레이티스트 스트레칭

> 효과 : 뒤쪽 허벅지 앞쪽과 앞쪽 고관절 부근, 몸통의 가동 범위 확대.
> 횟수 : 스트레칭 자세를 올바르게 취한 뒤 3초간 유지 × 3세트.

힘을 준 채 3초간 유지한다.

동작 설명

① 발을 어깨너비로 벌린 채 앞쪽 무릎을 90도로 세워서 앉는다. 뒤쪽 무릎은 90도로 눕히고 발목은 접는다. 뒤로 눕힌 다리와 같은 쪽 팔을 똑바로 위로 들어 올린다.
② 하반신의 자세는 고정한 채 몸통을 옆으로 기울인다.
★ 몸 옆쪽의 근육이 늘어났다고 느껴지면 힘을 빼지 말고 그 자세를 3초간 유지한다.

효과를 높이기 위한 포인트

- ①에서는 숨을 내쉬며 몸통 근육의 긴장감을 유지한다.
- 뒤쪽 고관절 주변 근육을 최대한 늘리기 위해 엉덩이 근육의 긴장을 유지한다.
- 뒤쪽 발꿈치를 최대한 들어 발가락으로 바닥을 꽉 움켜쥔다.
- 골반, 앞쪽 무릎과 발끝은 정면을 향한다.

3. 90도 × 90도 스트레칭

> 효과 : 앞쪽 엉덩이 근육과 팔을 뻗은 쪽 등 윗부분의 가동 범위 확대.
> 횟수 : 스트레칭 자세를 올바르게 취한 뒤 3초간 유지 × 3세트.

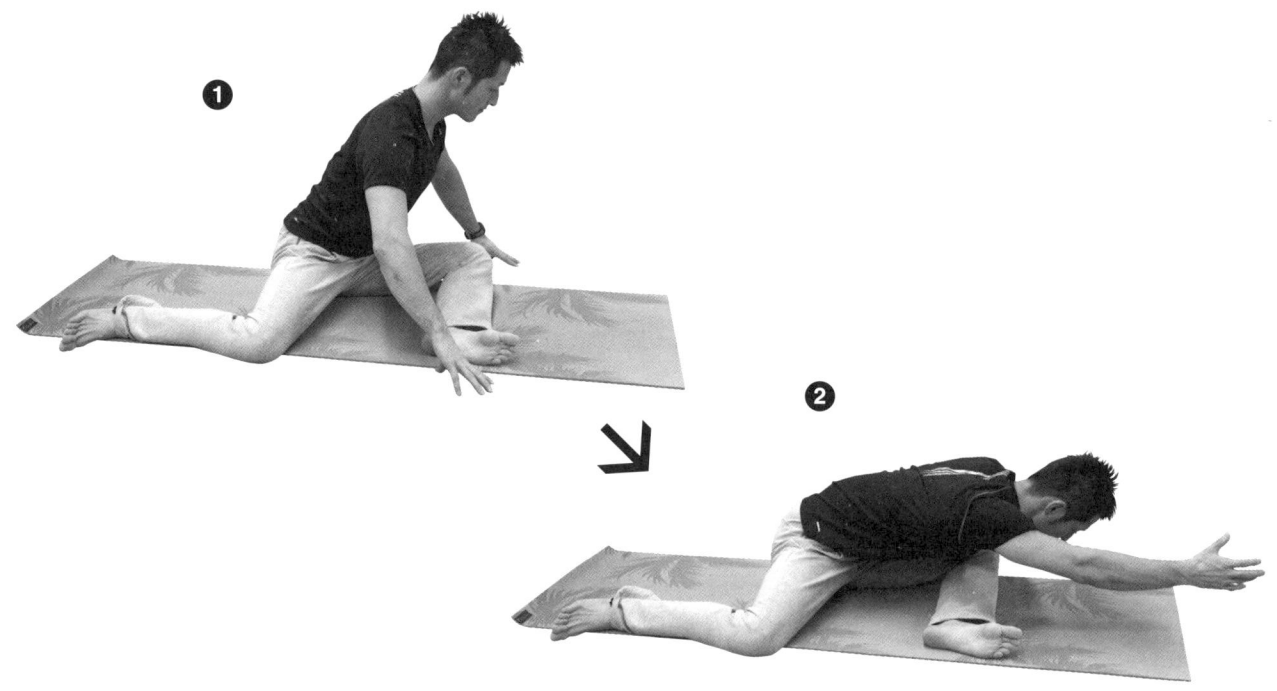

동작 설명
① 양 무릎을 90도로 구부린 채 땅에 앉아 등을 똑바로 편다. 앞쪽 무릎에서 이어지는 골반, 양 무릎 등 하반신을 전부 평행하게 유지한다.
② 등과 허리를 곧게 편 채 몸을 앞으로 기울인다.
★ 앞쪽 엉덩이와 대각선상에 위치한 등 윗부분의 근육이 늘어났다고 느껴지면 힘을 빼지 말고 그 자세를 3초간 유지한다.

효과를 높이기 위한 포인트
- ①에서는 숨을 깊이 내쉬며 몸통 근육의 긴장감을 유지한다.
- 허리가 구부러지기 쉬우므로 등을 곧게 유지하는 것을 의식한다.
- 좌우 엉덩이에 균등한 체중을 싣는다.
- 시선은 바로 밑을 보지 않고 1미터 정도 앞의 바닥을 본다.
- 상반신을 앞으로 기울일 때 엉덩이를 바닥에서 떼지 않는다.

정리

스트레칭에서는 쓸데없는 힘을 빼는 것이 중요하지만 필요한 힘까지 빼면 효과도 희박해진다. 마찬가지로, 어떤 근육이 늘어나는지 의식하는 것도 중요하지만 움직이고 싶은 관절 근처에 있는 다른 관절을 고정시키는 것에도 신경을 써야 한다. 118쪽에서 소개한 '분리와 공동'의 원리는 당연히 스트레칭에도 적용된다. 따라서 가장 중요한 것은 올바른 자세와 동작이다. 중요한 관절과 근육을 의식하지 않으면 효과는 반감되기 마련이다.

여기서 소개한 3종 스트레칭은 모두 쉽지 않다. 기본적인 몸통 스트레칭보다는 몸에 상당한 자극을 주는 자세다. 그러나 이 3종 스트레칭을 하는 데 필요한 시간은 단 3분이다. 단시간에 관절 가동 범위를 넓히고 신체 제어 기능을 향상시킬 수 있는 동작인 것이다. 반드시 도전하여 신체 제어 기능을 향상시켜보자.

3분이면 충분한 초간단 신체 기능 점검법

많은 스포츠 현장에서 신체 기능의 문제점을 잡아내기 위해 활용되는 두 가지 동작을 소개하려 한다. 방법은 매우 간단하며 도구도 전혀 필요 없다. 두 사람이 짝을 이루어 한 사람이 동작을 취하는 동안 다른 한 사람이 자세를 확인하기만 하면 된다.

이 방법으로 단 3분이면 '분리와 공동'의 기능이 어떤 수준인지 확인할 수 있다. 지금까지 몰랐던 '동작'의 문제점을 발견할지도 모른다. 가능하다면 동영상을 촬영하여 이번 기회에 자신의 '동작'을 개선해보자.

1. 싱글 레그 스쿼트 테스트

테스트 방법
① 한쪽 발로 서서 두 손을 허리에 댄다. 반대쪽 발은 무릎을 뒤로 90도 굽힌다.
② 스쿼트 동작을 4회 실시한 뒤 5회째에 낮은 자세로 정지하여 자세를 확인한다. 반대쪽으로도 실시한다.

올바른 동작을 위해 필요한 운동 기능
- 하반신의 근력
- 발목과 고관절의 안정성
- 몸통의 안정성
- 균형을 잡는 능력

올바른 동작의 포인트

정면에서 확인	○ or ×
양팔, 양어깨는 같은 높이인가?	
손끝, 무릎, 배꼽, 얼굴이 모두 정면을 향해 있는가?	
머리가 몸 중심에 위치해 있는가?	
동작 중에 균형을 잃지 않았는가?	

바로 옆에서 체크	○ or ×
등이 구부러지거나 지나치게 뒤로 젖혀지지 않았는가?	
엉덩이, 등, 후두부가 일직선상에 있는가?	
무릎이 발끝보다 앞으로 나오지 않았는가?	
엉덩이를 뒤로 빼거나 상반신을 앞으로 기울이지 않았는가?	

★ 양쪽 다 문제가 없다면 ○. 둘 중 한쪽에 문제가 있으면 ×

정면에서 확인!!

오른쪽 골반과 오른쪽 어깨가 올라갔고 머리가 왼쪽으로 크게 치우쳤다.

2. 오버헤드 스쿼트 테스트

테스트 방법

① 발을 엉덩이 너비로 벌리고 서서 팔이 귀 옆에 오도록 팔을 들어 올려 쭉 편다.
② 팔 위치를 유지하며 스쿼트 동작을 4회 실시하고 5회째에 낮은 자세로 정지하여 자세를 확인한다. 반대쪽으로도 실시한다.

올바른 동작을 위해 필요한 운동 기능

- 발목의 유연성
- 고관절의 유연성
- 반의 유연성
- 어깨 관절 및 견갑골의 가동성
- 몸통의 안정성

올바른 동작의 포인트

정면에서 확인	○ or ×
발끝과 무릎이 정면을 보고 있는가?	
양팔이 곧게 펴져 있는가?	
양팔, 양어깨는 같은 높이인가?	
엉덩이가 좌우 한쪽으로 치우쳐 있지 않은가?	

바로 옆에서 체크	○ or ×
등이 굽어지지 않았는가?	
무릎이 발끝보다 앞으로 나오지 않았는가?	
등의 연장선상에 팔이 있는가?	
후두부와 등이 일직선상에 있는가?	

★ 양쪽 다 문제가 없다면 ○, 둘 중 한쪽에 문제가 있으면 ×

간단 평가와 어드바이스 한마디

○가 15~16개 → 매우 우수. 지금 상태를 유지하자.
○가 12~14개 → 우수. 몇몇 문제점을 극복하여 더 높은 수준을 지향하자.
○가 10~11개 → 일반적인 수준. 준비운동과 보강 운동의 동작을 개선하자.
○가 9개 이하 → 이미 어깨, 허리, 무릎의 통증을 느끼고 있을 가능성이 높다. 몸 관리에 더욱 집중하자.

정면에서 확인!!

오른쪽 사진의 자세는 팔이 구부러지고 등이 구부러졌으며 무릎이 안쪽을 보고 있는 데다 머리가 앞으로 기울어졌다.

정리

턱걸이나 캠퍼싱을 열심히 하는 사람은 많지만 과연 그것만으로 실력이 향상될까? 훈련을 할 때 장점을 강화하는 것도 물론 중요하지만 약점을 극복하는 노력도 병행되어야 한다. 단점을 외면한다면 결코 신체적인 능력을 강화할 수 없다. 자세 개선, 하반신 근력 강화, 견갑골과 고관절의 가동성 향상, 균형 감각 단련, 몸통의 안정성 강화 등 도전할 주제는 무궁무진하다.

여기서 소개한 두 가지 동작으로 신체 기능을 점검할 뿐만 아니라 다양한 신체 기능을 한꺼번에 강화할 수 있다. 그러나 이 동작을 올바르게 실시하려면 동작에 관련된 모든 관절의 유연성, 안정성, 근력이 모두 적절히 기능해야 한다. 무언가 하나라도 부족하면 동작 전체가 그 영향을 받게 된다. 이 테스트를 계기로 자신의 몸을 면밀히 관찰하고 개선한다면 무척 기쁘겠다.

스트레칭 폴을 활용한 리셋 컨디셔닝

여기서는 스트레칭 폴을 활용한 리셋 컨디셔닝을 소개하려 한다. 리셋 컨디셔닝이란 몸을 본연의 상태로 되돌리는 것을 말한다. 컨디션이 저하된 상태로 어려운 과제를 오르려다 보면 부상의 위험이 커질 뿐 높은 성과를 결코 기대할 수 없다.

여기서 소개하는 동작을 올바르게 실천함으로써, 잘못된 습관 때문에 틀어진 뼈의 배열을 바로잡을 수 있다. 그러면 결과적으로 신경 전달 기능이 원활해지고 신체 조정 능력도 향상된다. 또 근육의 불필요한 긴장이 완화되어 동작도 더욱 개선될 것이다. 운동할 때마다 본인의 능력을 최대한 발휘하기 위해서라도 리셋 컨디셔닝을 반드시 배워두자.

이런 사람에게 특히 추천한다

푹 자고 일어나도 전날의 피로가 남아 있다.
만성 피로를 느낀다.
몸에 항상 힘이 들어가 있다.
호흡이 얕다.
최상의 컨디션이라고 느낄 때가 별로 없다.
스트레칭을 해도 몸이 이완되는 느낌이 별로 없다.
몸이 뻣뻣하다는 말을 자주 듣는다.
좌우 어깨의 높이가 다르다.
좌우의 동작에 극단적인 차이가 있다.

※ 두 항목 이상 해당되는 사람은 리셋 컨디셔닝이 필요하다.

기본자세

- 머리에서 골반까지를 스트레칭 폴에 올린다.
- 다리는 허리너비로 벌리고 무릎을 세운다.
- 팔은 약간 넓게, 아래팔은 바닥에 붙인다.
- 몸의 힘을 빼고 깊은 호흡에 집중한다.

★ 한 동작이 끝나면 일단 이 기본자세로 돌아와 호흡을 몇 번 한 뒤 다음 동작으로 진행한다.

1. 견갑골 내회전·외회전 운동

약 30초간 반복한다.

① 기본자세에서 '앞으로 나란히'를 한다.
② 등과 머리는 최대한 스트레칭 폴에서 떨어지지 않도록 하면서 견갑골만 2~3센티미터쯤 위로 띄운다.
③ 팔과 어깨의 힘을 빼고 천천히 호흡에 맞추어 ①의 자세로 돌아간다.

2. 암 서클

약 30초간 반복한다.

① 기본자세에서 팔을 안쪽으로 크게 돌리면서 가슴 앞에서 교차시킨다.
② 숨을 깊이 들이쉬면서 양손으로 티셔츠를 벗는 듯한 느낌으로 팔을 머리 위까지 올린다.
③ 호흡을 따라 팔을 바깥쪽으로 크게 돌리면서 기본자세로 돌아간다.

★ 어깨에 통증이 느껴질 정도로 크게 움직이지는 말 것.

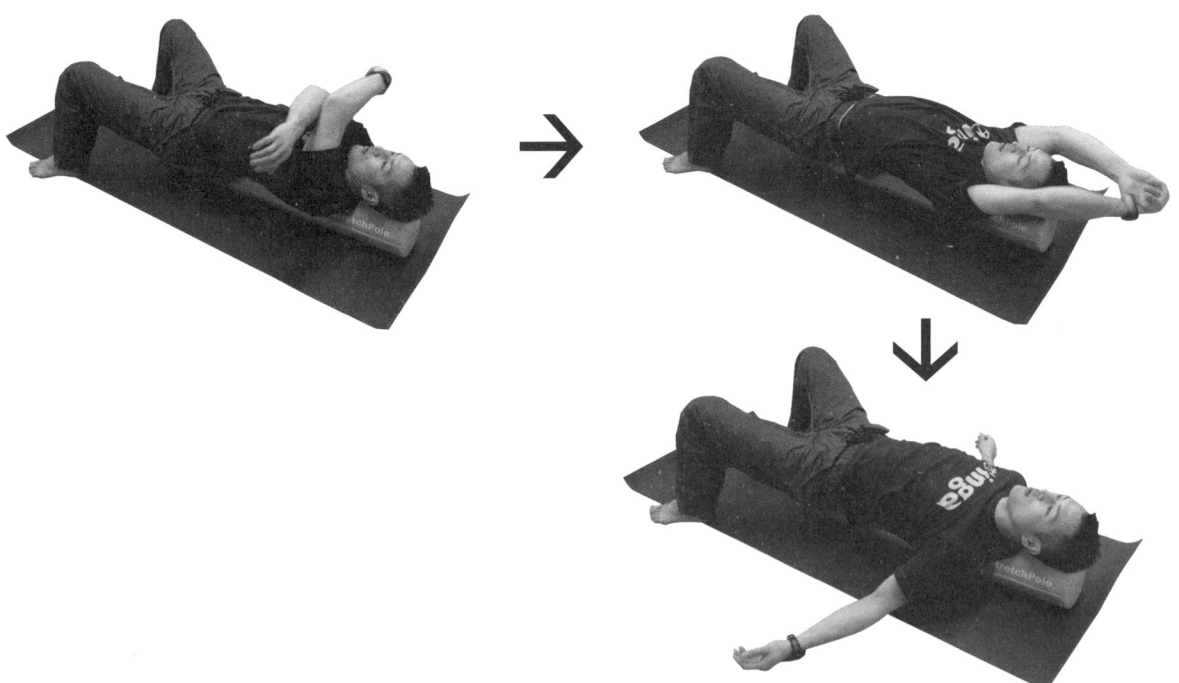

3. 고관절의 내회전·외회전 운동

약 30초간 반복한다.

① 기본자세에서 양 다리를 천천히 앞으로 뻗는다.
② 발꿈치를 땅에 붙이고 발끝을 와이퍼처럼 안쪽으로 모았다가 바깥쪽으로 벌린다.

★ 고관절이 움직이는 것을 의식하며 실시하면 더 효과적이다.

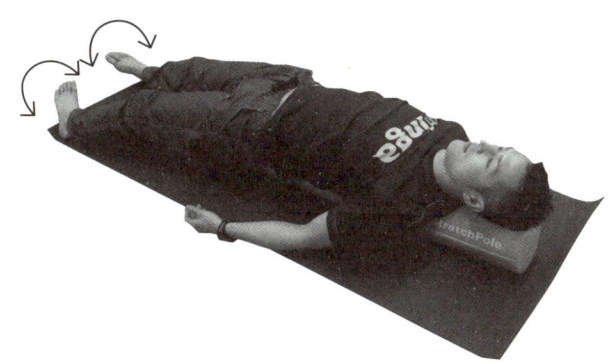

4. 전신 인사이드 스텝

약 30초간 반복한다.

① 기본자세에서 양손을 가슴 위로 뻗고, 한 손으로 다른 한쪽 손목을 붙잡는다.
② 붙잡은 쪽의 팔꿈치가 바닥에 닿을 때까지 등을 비튼다.
③ ②와 동시에 하반신을 상반신과 반대 방향으로 비튼다.

★ 전신의 힘을 최대한 빼고 손발의 무게에 이끌려 몸통이 자연스럽게 비틀리도록 한다.

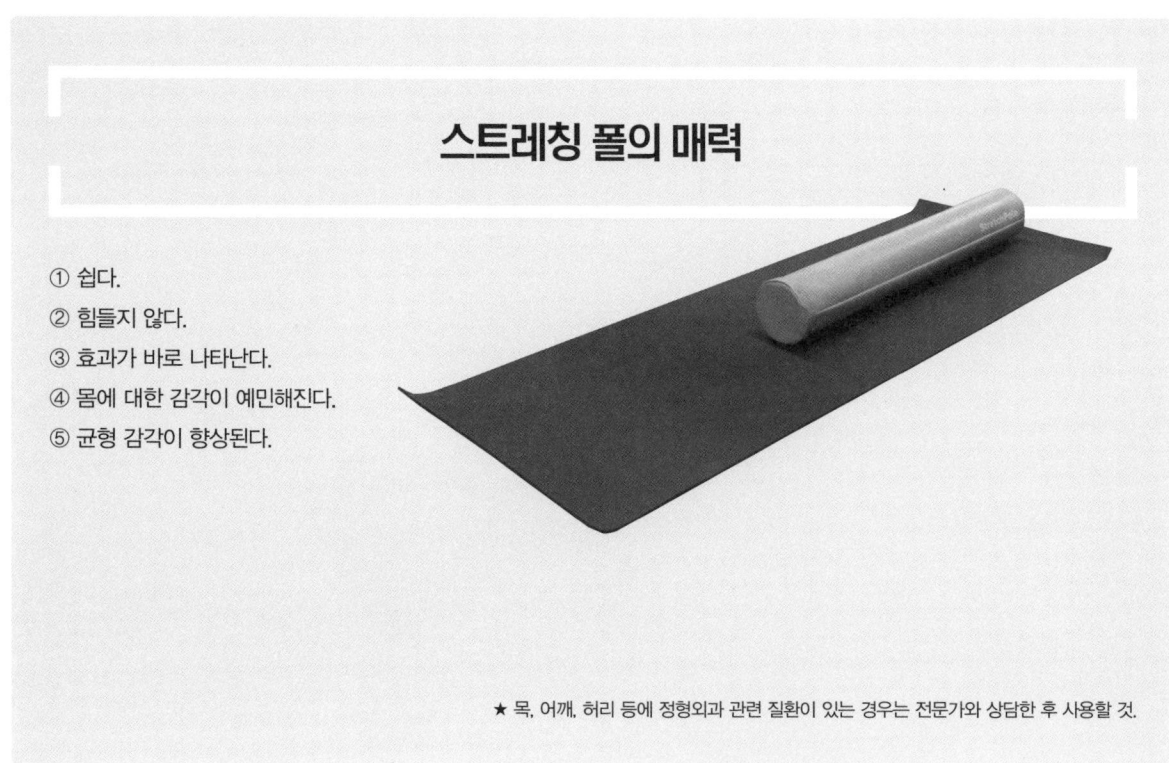

스트레칭 폴의 매력

① 쉽다.
② 힘들지 않다.
③ 효과가 바로 나타난다.
④ 몸에 대한 감각이 예민해진다.
⑤ 균형 감각이 향상된다.

★ 목, 어깨, 허리 등에 정형외과 관련 질환이 있는 경우는 전문가와 상담한 후 사용할 것.

정리

어떤 스포츠든 마찬가지지만, 경기력을 높이는 데 가장 중요한 것은 부상을 피하는 일이다. 부상을 입지 않으려면 '운동', '영양', '휴식'이 균형을 이루어야 한다. 열심히 훈련하는 사람일수록 몸 관리를 소홀히 해서는 안 된다.

1주일은 168시간인데, 그중 훈련 시간은 많아도 10% 정도다. 그러므로 나머지 시간을 어떻게 보내느냐에 따라 훈련의 효과가 달라진다고 해도 과언이 아니다.

방금 소개한 리셋 컨디셔닝은 단 10분이면 충분하다. 매일 얼굴을 씻고 이를 닦듯이 습관화하는 것이 좋다.

힘의 흡수(로딩)와 힘의 발휘(언로딩)

이번에는 효율적인 동작을 이야기할 때 빠지지 않는 주제인 '힘의 흡수(로딩)와 힘의 발휘(언로딩)'에 대해 이야기해보자. 이 원리를 이해하면 데드 포인트, 다이노, 캠퍼싱 등 반동을 이용하는 동작을 더욱 효과적으로 실시할 수 있다.

홀드에 손이 닿지 않아서 고민인 사람, 정적인 동작에만 집착하는 사람, 순발력이 필요한 동작을 잘 못하는 사람은 반드시 이 글을 읽고 자신의 동적인 동작을 개선하기 바란다.

힘의 흡수(로테이션)와 힘의 발휘(언로딩)를 이해하려면 우선 인체의 '건 반사', '신장반사'라는 현상을 이해해야 한다. 본격적인 이야기를 시작하기 전에 일단 이 용어부터 해설하자.

건 반사(腱 反射)

힘줄(腱)은 근육의 양 끝에서 뼈와 근육을 결합시키는 조직으로, 용수철이나 고무와 같은 탄성을 지니고 있다. 힘줄 자체는 능동적으로 수축하여 힘을 발휘하지 못하지만 늘어나면 반사적으로 수축하는 성질이 있다. 그래서 운동할 때 힘줄을 이용하면 근육으로는 낼 수 없는 큰 힘을 순간적으로 발휘할 수 있다.

쉬운 예가 소위 '딱밤'이다. 엄지로 검지를 누른 상태에서 검지를 펴려고 힘을 주면, 검지의 관절 주위에 위치한 힘줄이 늘어난다. 이렇게 힘줄을 충분히 늘려서 탄성 에너지를 축적한 뒤 단숨에 엄지를 떼면 검지의 관절이 확 튀어나가는 것이다. 이때 발생하는 힘은 검지가 단독으로 근력을 발휘할 때보다 훨씬 크다.

신장 반사(伸張 反射)

근육 안에는 근방추(筋紡錘)라는 감각 수용체가 있는데, 이것은 근육 길이의 변화를 감지하는 센서의 역할을 한다. 근육이 급격히 늘어나면 근방추가 그것을 감지하고 무의식중에 수축이 일어나도록 지령을 내리는 것이다. 인체의 이런 작용을 '신장 반사'라 한다.

쉬운 예를 들면, 전철 안에서 손잡이를 잡고 선 채 졸던 사람이 무릎이 '탁' 하고 꺾여 넘어지려는 순간에 '움찔' 하고 튀어 오르듯 일어서는 모습을 본 적이 있을 것이다. 그것이 바로 신장 반사다. 신장 반사는 몸의 균형이 깨져서 넘어지는 것을 방지하는 인체의 자기 보호 장치다.

힘의 흡수(로딩)와 힘의 발휘(언로딩)란?

다이노에 능숙한 사람은 반드시 뛰어오르기 전에 힘을 최대한 모은다. 캠퍼싱으로 이동하는 데 능숙한 사람도 마찬가지로, 팔을 약간 구부렸다가 펴면서 전진하여 홀드를 잡는다. 즉 힘을 발휘(언로딩)하기 전에 힘을 충분히 흡수(로딩)하는 것이다.

앞서 말했듯, 근육도 힘줄도 급격이 늘어나면 반사적으로 수축하려 하는 성질이 있다. 즉 근육과 힘줄을 강제로 급격히 잡아당겼다가 순간적인 반사가 일어나는 직후에 근력을 발휘하면 더 큰 힘을 이끌어낼 수 있는 것이다. 이 원리를 SSC(stretching shortening cycle : 신전단축주기 伸展短縮 週期)라 하며, 동작에 탄력이 있는 사람은 이 원리를 잘 이용하고 있는 것이다.

클라이머들은 '쓰는 근육', '못 쓰는 근육'이라는 표현을 자주 쓴다. 그 차이는 근육의 질이 아닌 쓰는 방식에 있다.

근육이 잘 발달한 사람은 웨이트 트레이닝을 열심히 하는 경우가 많다. 그렇게 근육을 키우려면 반동을 쓰지 않고 근력을 천천히 지속적, 반복적으로 발휘하여 근육에 젖산을 대량으로 축적해야 한다. 이때는 반동을 써서 빨리 움직이면 안 된다. 그래서 웨이트 트레이닝만 오랫동안 했던 사람은 힘을 흡수(로딩)하지도 않은 채 갑자기 힘을 발휘(언로딩)하려 할 때가 많다.

탄력 있는 동작을 위해서는 힘을 흡수(로딩)하는 동작이 가장 중요하다. 움직이기 전에 어떤 근육, 어떤 힘줄에 탄성 에너지를 저장해야 하는지 생각하는 습관을 들이자. 머리로 이상적인 동작을 생각하는 것도 클라이머에게 꼭 필요한 능력이다.

1주일은 168시간인데, 그중 훈련 시간은 많아도 10% 정도다. 그러므로 나머지 시간을 어떻게 보내느냐에 따라 훈련의 효과가 달라진다고 해도 과언이 아니다.

방금 소개한 리셋 컨디셔닝은 단 10분이면 충분하다. 매일 얼굴을 씻고 이를 닦듯이 습관화하는 것이 좋다.

SSC를 연습하는 방법 '스쿼트 점프'

팔 동작과 하반신 동작을 연동시킨다.
자세를 제어하기 위해 몸통 근육의 긴장을 계속 유지한다.

등을 곧게 펴고 양손을 머리 위로 든다. 몸통 심층부의 근육을 최대한 긴장시킨다.

자신의 체중을 의식하면서 발목, 무릎, 고관절을 단숨에 구부린다. 동시에 가슴을 펴고 양손을 뒤로 뻗는다.

단숨에 발목, 무릎, 고관절을 폭발적으로 펼치며 전력으로 땅을 찬다. 그와 동시에 양손도 머리 위로 뻗는다.

SSC를 등반에 활용하는 포인트

힘을 흡수(로딩)할 때는 몸의 힘을 빼고 중력을 최대한 이용한다.
중심을 이동시킬 방향의 정반대 쪽으로 힘을 흡수(로딩)한다.
힘을 발휘(언로딩)할 때는 하반신→몸통→팔의 순서로 근력을 발휘한다.
'파워=힘×속도'다. 근력을 최대한으로 발휘하려면 관절을 최대한 빨리 움직여야 한다.
움직일 관절과 고정할 관절을 구분하여 활용하기 위해 노력한다.

후기

'볼더링'이라는 말은 이제 완전히 대중화된 듯하다. TV에서 소개되는 일도 드물지 않으니, 볼더링의 인기는 앞으로 점점 높아지리라 생각한다. 일본에서는 몇 년 전까지만 해도 100곳에 불과했던 클라이밍 센터가 지금은 300곳 이상으로 늘어났는데, 그 대부분이 볼더링 전용 시설이다. 심지어 대도시에는 지하철역 2~3개마다 볼더링 센터가 있는 곳도 있다. (한국도 많이 늘어 200곳을 넘어선다고 한다.)

특정한 기술과 동료가 필요한 리드 클라이밍에 비해 부담이 없고 안전한 데다 혼자 즐길 수 있는 볼더링이야말로 현대인의 라이프스타일에 딱 들어맞는 스포츠인지도 모른다. 또 세분화된 암벽 난이도 표시가 실력 향상을 바라는 클라이머의 욕구를 채워주었는지도 모르겠다. 이 선풍적 인기가 과연 어디서 왔는지는 정확히 모르지만, 어쨌든 볼더링에 빠져 센터에 열심히 다니는 사람이 급증하고 있다.

최근에 특히 눈에 띄는 현상은 야외에는 나가지 않고 실내 센터에서만 등반하는 사람이 많아졌다는 점이다. 얼마 전까지만 해도 인공 암벽은 야외 암벽을 연습하는 도구에 불과했지만 지금은 센터에서만 운동하는 사람도 꽤 많다. 아마 피트니스클럽이나 수영장, 요가 레슨에 출석하는 것과 비슷한 느낌이 아닐까? 볼더링 역시 일상적인 운동의 일종으로 인식되기 시작한 것이다.

그러나 볼더링에 대한 인식이 달라졌다 해도, 일단 시작한 이상 실력 향상을 바라는 것은 누구나 마찬가지일 것이다. 이 책은 문외한이라도 읽을 수 있게 만들어졌지만, 그래도 끝없는 발전을 희망하며 더 높은 수준을 지향하는 사람을 지원하고 싶은 마음이 바탕이 되었다. 반드시 이 책을 볼더링 센터에 가져가서 어려운 과제에 맞닥뜨렸을 때 펼쳐보기 바란다. 분명 한계를 돌파할 만한 힌트를 발견할 것이다.

이 책에는 무브에 대한 해설 말고도 참고할 내용이 많다. 야외에 비해 안전하다고는 하지만, 몸의 균형이 무너져 이상한 자세로 떨어지거나 다른 사람과 부딪히면 부상을 입기 마련이다. 또 등반 후에는 몸 관리를 확실히 해야 후유증이 남지 않는다. 이 책에서는 센터를 이용하는 방법, 안전하게 추락하는 방법, 평소의 몸 관리법까지 자세히 해설했으니 잘 읽고 실천하여 안전한 볼더링을 즐기기 바란다.

이 책은 내용을 실내 볼더링으로 압축하여 그 노하우를 중점적으로 소개한 책이다. 수도권에 사는 사람은 야외 볼더링을 하려면 최소 두 시간 정도는 이동해야 하므로 바쁠 때는 센터를 이용하는 것이 분명 편리하다. 그러나 이 책의 첫머리에서도 말했다시피, 야외 볼더링은 대자연 속에 어우러지는 것만으로도 무척 기분 좋은 일이다. '아직 야외에 갈 수준이 못 된다'고 말하는 사람도 많다. 안전하게 오르려면 어느 정도 기술이 필요한 것은 사실이지만, 그래도 다니는 센터의 야외 행사나 전문 강사가 지도하는 야외 강습에 참여한다면 안전하게 야외 볼더링을 즐길 수 있다. 꼭 한 번은 실내를 벗어나 야외로 나가보자.

실내에서 야외로, 혹은 볼더링에서 리드 클라이밍으로. 클라이밍의 세상은 끝없이 펼쳐져 있다. 이 책은 실내 볼더링에 관한 책이지만, 실내 볼더링에서 시작된 여러분의 세상이 점점 더 넓어지기를 기대해본다.

ROCK & SNOW 편집부

전국 스포츠 클라이밍 센터 안내

센터 이름	주소	URL	연락처
서울특별시			
노량진클라이밍센터	동작구 노량진2동 240-25	http://cafe.daum.net/climbinggym	02-821-5824 / 010-3750-0782
서종국클라이밍센터	영등포구 양평동5가 67	http://cafe.daum.net/seojongkukclimbing	02-2676-1932 / 010-9036-5140
에이스클라이밍클럽	영등포구 대림동 700-5	http://cafe.daum.net/indooraceclimb	02-836-8848
행복한클라이밍세상	구로구 개봉동 128-15	http://cafe.daum.net/climbingw	02-6498-2009 / 010-2126-8971
MCC실내암벽클럽	서초구 방배2동 467-19	http://cafe.daum.net/mindclimbingclub	02-583-1257
더탑	송파구 송파1동 50-9	http://cafe.daum.net/loveclimb	02-423-8848
더탑(대청점)	강남구 일원동 639 영빌딩 지하	http://cafe.daum.net/climbthetop	02-423-8848
쿠드클라이밍센터	강동구 둔촌2동 63-2	http://cafe.daum.net/coodclimbing	070-8828-8848
애스트로맨클라이밍센터	마포구 성산동 630-10	http://www.astroman.co.kr	02-325-4787 / 010-3734-4304
써미트클라이밍센터	마포구 노고산동 4-22	http://cafe.daum.net/summitclimbing	02-713-4677
코알라클라이밍짐	마포구 월드컵북로 396(상암동) 누리꿈스퀘어 비즈니스빌딩 B1001호	www.koalaclimbing.com	070-7733-4768 / 010-3240-1382
권영세클라이밍센터	중구 필동3가 28-19	http://cafe.daum.net/hexagym	02-2275-5015 / 010-5357-2298
아트클라이밍센터	종로구 종로4가 9-1	http://cafe.daum.net/artclimbing	02-765-0764 / 017-288-6823
써니사이드	은평구 은평로 160 206호	http://cafe.daum.net/ssunnyside	02-386-8851
K2클라이밍센터	성동구 성수2가1동 277-70	http://www.k2cnf.com	02-3408-9400
손정준 스포츠클라이밍연구소	성동구 옥수동 348-2	http://koreason.com/xe/about	02-2297-5014
조규복클라이밍센터	광진구 자양동 227-263	http://cafe.daum.net/jgbclimbingcenter	02-454-5014
서울클라이밍클럽	동대문구 용두2동 119-42	http://cafe.daum.net/scc810	02-928-4677 / 011-751-3709
코오롱등산학교	강북구 우이동 181-7	http://www.kolonschool.com/about/infoschool.jsp	02-990-0202
다이노월	강북구 번동 418-25	http://cafe.daum.net/dynowall	02-900-4312
스파이더스클라이밍센터	노원구 공릉1동 633-18	http://cafe.naver.com/spidersclimbing	02-741-0837
차병원클라이밍센터	노원구 공릉동 598-8호	http://cafe.daum.net/cbwclimbingcenter	02-977-5014 / 010-2213-4483
노원클라이밍센터	노원구 상계2동 349-28	http://cafe.daum.net/nowonclimbing	02-935-0515 / 010-9048-3615
도봉파워클라이밍센터	도봉구 쌍문2동 21-15	http://cafe.daum.net/dbpcc	02-900-6194 / 010-9065-7201
더자스클라이밍짐	강남구 신사동 529-4 B1	http://www.thejas.kr	02-3445-5014
스마트클라이밍짐	송파구 가락동 76-2 종원빌딩 301호(3층)	http://cafe.daum.net/smartclimbinggym	070-7750-5962
헤라스포츠클라이밍	강남구 선릉로 131길 4 세원빌딩 4층	http://www.herasports.kr	02-544-2311 / 010-3718-2037
클라임이모션	강남구 역삼동 728-41	http://cafe.naver.com/climbemotion	02-552-2532
섹터B	금천구 독산1동 143-8 2층	http://sectorb.modoo.at/	02-6264-6911 / 010-9115-6911
락스타클라이밍(송파점)	송파구 백제고분로 435 예스빌딩 B1	www.gnclimb.com	02-418-8848
락스타클라이밍(강남점)	강남구 학동로2길 56 원창빌딩	www.gnclimb.com	02-547-8848
인클라이밍센터	관악구 봉천동 1690-152 지층	http://cafe.daum.net/inclimbingcenter	010-5558-0013
강서클라이밍센터	강서구 공항대로 284번지 (내발산동, 동서빌딩 4층)	http://cafe.daum.net/gangseoclimbing	02-3662-0138 / 010-7183-0137
게이트원클라이밍	서초구 방배동 897-1 B1	https://www.facebook.com/GATE-ONE-climbing	070-8883-8850

인천광역시

인천클라이밍센터	연수구 선학동 357-1	http://cafe.daum.net/InCle	032-817-5014 / 010-4314-5768
부평클라이밍센터	부평구 부평4동 441-18	http://cafe.daum.net/bpcc	010-8725-5477
계양클라이밍센터	계양구 계산동 18-17	http://cafe.daum.net/choysun65	032-554-5014
서인천클라이밍센터	서구 가정1동 504-16 4층	http://cafe.daum.net/ching97	032-572-8847
인천구월클라이밍센터	남동구 구월동 70-14 흥인빌딩 3층	http://cafe.daum.net/guwallcc2014	032-466-5015 / 010-5427-3394
인천만수클라이밍센터	남동구 만수6동 1048 금호타운상가 2층	http://cafe.daum.net/sunshine5014	032-463-5015 / 010-7164-3398
인천베스트클라이밍센타	부평구 갈산동 170-8 이레빌딩 5층	http://cafe.daum.net/bestclimbing	032-214-5013

대전광역시

대전클라이밍센터	서구 괴정동 128-9	http://cafe.daum.net/djclimbingcenter	042-532-5015
클라이밍짐리드(충대점)	유성구 궁동 490-11 승은빌딩 5층	http://cafe.daum.net/leadclimbing	042-825-5014
클라이밍짐리드(유성점)	유성구 봉명동 548-12 이화빌딩 2층	http://cafe.daum.net/leadclimbing	042-826-5013

대구광역시

대구클라이밍센터	수성구 달구벌대로 2273	http://cafe.daum.net/tclimbextreme	053-752-8848
파워클라이밍센터	수성구 달구벌대로467길 13	http://www.powerclimbing.org	053-743-8850
챌린져클라이밍센터	수성구 달구벌대로31길 6	http://cafe.daum.net/chgcc	053-794-3918
대구위드클라이밍센터	서구 내당동 229-1	http://cafe.daum.net/withclimblng5.14	053-567-5180
칠곡클라이밍센터	북구 태전동 961-13	http://cafe.daum.net/1climbing	070-7623-2747
성서클라이밍센터	달서구 이곡동 798	http://cafe.daum.net/ssc7578	053-582-3579
마운틴플러스 클라이밍센터	달서구 이곡동 1000-190	http://cafe.daum.net/mountain-plus	070-8911-6040 / 010-8388-6040

광주광역시

첨단빛고들 실내암벽	북구 쌍암동 669-1	http://cafe.daum.net/climbclub	062-571-3332
광주클라이밍클럽	북구 운암동 1597번지	http://cafe.daum.net/GJCC	062-514-5325
익스트림클라이밍센터	북구 두암동 568-2 5F	http://cafe.daum.net/mdcc	010-8542-8611 / 010-9056-6355
클라이본비클라이밍짐	동구 지산동 462-1번지 2F	http://climben.blog.me	010-3181-5051
클라이븐클라이밍	동구 황금동 74	http://climben.blog.me	062-236-5051

울산광역시

등반세계	남구 신정동 1169-5	http://cafe.daum.net/csportclimbing	052-903-8848 / 010-2800-2626
한백실내암장	남구 옥동 286-3	m.cafe.daum.net/hbmount	052-295-0909 / 010-4403-5535
9클라이밍짐	중구 당산길 26, 3층	https://www.facebook.com/www.9climbingGy	010-8356-5898

부산광역시

부산클라이밍센터	연제구 연산4동 622-5	http://cafe.daum.net/busanclimbing	051-867-8848
부산스포츠클라이밍클럽	중구 동광동2가 10-4	http://cafe.daum.net/bsc-bas	051-242-8848 / 010-6773-8848
패밀리클라이밍센터	동구 사직1동 56-14	http://cafe.naver.com/familyclimmer	070-8279-8746 / 010-5527-1860
부산클라이머스	동래구 온천3동 1451-33	http://www.pc8848.co.kr	051-505-6229
록파티클라이밍센터	사하구 당리동 317-42	http://cafe.daum.net/BSrockparty	010-4563-5397
락클라이밍센터	북구 덕천동 337-1	http://cafe.daum.net/Rock2005	051-331-8382
문현클라이밍센터	남구 문현1동 127-55	http://cafe.daum.net/pmsob1	010-9367-4056
동래클라이밍센터	동래구 명륜1동 513-3	http://cafe.daum.net/CrimingWall	051-557-2113

부산bbc클라이밍센터	금정구 장전동 621-18	http://cafe.daum.net/alpsnfbbc	010-2557-5442	
빅월클라이밍센터	부산진구 전포2동 193-11	http://cafe.daum.net/bigwallcs	051-807-6185	
클럽 스파이더	중구 영주동 565-2 부산은행 2층	http://cafe.naver.com/cspider	010-4108-7055	
어썸클라이밍센터	수영구 수영로 777 센텀월드오피스텔 지하1층	http://cafe.daum.net/awesomeclimbing	010-2578-3763	
두클라이밍 경성대	남구 대연동 60-13 황금빌딩 2층	http://cafe.daum.net/doclimbing	010-3518-9557	
두클라이밍 정관점	기장군 정관면 곰내길 654-154	http://cafe.daum.net/doclimbing	010-6778-8733	
락오딧세이 서면점	진구 가야3동 60-26	http://cafe.daum.net/rockodyssey	010-4190-4592	
락오딧세이 하단점	사하구 하단동 510-9	http://cafe.daum.net/rockodyssey	010-4915-5158	
락오딧세이 동래점	동래구 낙민동 91-3	http://cafe.daum.net/rockodyssey	010-7255-8801	

경기도

매드짐	광명시 하안동 302-5 녹원토피아 5층	http://cafe.naver.com/sportclimbing	02-809-5014
스파이더클라이밍센터	성남시 중원구 하대원동 101	http://cafe.daum.net/snspider	031-753-8848 / 010-4275-0607
성남스포츠클라이밍센터	성남시 중원구 성남동 4256	http://www.sportsclimbing.net	031-756-0282
PARK's클라이밍	부천시 오정구 작동 63-7	http://cafe.daum.net/parksclimbing	032-684-1722
부천클라이밍센터	부천시 원미구 상동 326-15	http://cafe.daum.net/bcscc	010-4005-4589
광명시인공암벽장	광명시 하안동 577	http://gym.gm.go.kr/site/gym/main.do	02-2680-6619
시흥클라이밍센터	시흥시 신천동 856-14	http://cafe.naver.com/siheungclimbing	031-318-8848
해피볼더짐	고양시 일산서구 대화동 2141-3	http://cafe.daum.net/happyboulder	031-921-8848 / 010-4230-9900
sk클라이밍센터	고양시 일산동구 마두1동 903-2	http://cafe.daum.net/skclimingcenter	010-6263-0344
더클라임앤샵	고양시 일산동구 장항동 862-1 수빌딩 501호	https://www.facebook.com/gym.theclimb	031-905-5014
구리M2GYM	구리시 인창동 589-2	http://cafe.daum.net/suwonm2	031-557-5055
포천인공암벽장	포천시 소흘읍 태봉로63번길 91 소흘체육공원		031-540-6366
클럽샤모니	의정부시 의정부2동 600-2	http://cafe.daum.net/clubshamony	031-875-1081 / 010-3762-1081
안산클라이밍센터	안산시 단원구 고잔동 682-6	http://cafe.daum.net/ansanclimbing	031-405-5013 / 010-7746-2825
아람클라이밍짐	안양시 만안구 안양동 674-193	http://cafe.daum.net/aramclimbing	031-448-2208 / 010-3761-6811
안양크럭스존	의왕시 내손동 755-1	http://cafe.daum.net/cruxzone	031-429-8849
김종헌클라이밍센터	안양시 동안구 호계2동 918-19	http://cafe.daum.net/jhclimbing	031-427-0780
경기클라이밍센터	군포시 산본동 241-8	http://cafe.daum.net/ggclimbing	031-397-6911
수원크럭스존	수원시 팔달구 인계동 974-9	http://cafe.daum.net/cruxzonesuwon	031-234-5621
경기레포츠클라이밍짐	수원시 동구	http://cafe.daum.net/climbingcenter	
수원클라이밍센터	수원시 팔달구 우만1동 483-5	http://cafe.daum.net/sclimb	031-8025-2016
수원플러스클라이밍	수원시 영통구 매탄동 1276번지 탑프라자 7층	http://cafe.daum.net/plusclimbing	031-217-5014 / 010-3828-4452
PRC클라이밍클럽	수원시 권선구 세류동 531-2	http://cafe.daum.net/prcclimbing	070-4413-8848 / 010-7774-5667
홍종열클라이밍짐	평택시 비전동 818-3	http://cafe.daum.net/ptkclimbing	031-656-2744 / 010-2555-2744
스노우라인클라이밍센터	평택시 팽성읍 신궁리 11-167	http://cafe.daum.net/snocl	031-651-7932 / 010-5241-6206
평택트윈실내암벽장	평택시 합정동 746-5외2필지 3층	http://cafe.daum.net/twinsclimb	010-8949-1149 / 010-9410-6988
오산클라이밍센터	오산시 궐동 72-3	http://cafe.daum.net/zmffkdlald	031-373-8661 / 010-4753-8615
파주클라이밍센터	파주시 금촌동 52-36 대도빌딩 3층	cafe.daum.net/pajuclimbing	010-6348-0570
수지아르피아스포츠센터	용인시 수지구 포은대로 499	http://cafe.naver.com/sujiclimbing	070-8719-0038
아이언팜스클라이밍센터	화성시 반송동 104-2 한솔프라자 9층	http://cafe.daum.net/ironpalms	010-7414-5015 / 031-8015-5054

강원도

원주클라이머스	원주시 명륜1동 82-2	http://cafe.daum.net/wjalpine1	033-761-4177

고고클라이밍센터	원주시 일산동 161-3	http://cafe.daum.net/gogoclimbing	010-4255-1032
볼트락클라이밍센터	원주시 개운동 434-6	http://cafe.daum.net/boltrock	010-5384-7041
만도인공암장	원주시 문막읍 동화리 만도기숙사 내		010-9035-1955
춘천클라이밍센터	춘천시 동내면 거두리 933-2, 2층	http://cafe.daum.net/CenterC	033-263-3935
허니짐	속초시 청학동 645-6		010-6566-0814

충청도

태조산클라이밍	천안시 동남구 유량동 6	http://cafe.daum.net/TaejosanClimbing	041-566-1985 / 010-6269-5513
타기클라이밍센터	청주시 상당구 방서동 206-1	http://cafe.daum.net/tagymania	043-284-5014
다오름클라이밍센터	청주시 상당구 율량동 1873	http://cafe.daum.net/daorm	043-217-1900 / 010-5083-3375
충주락클라이밍	충주시 용산동 용정8길 6	http://cafe.daum.net/climbingCJ	010-7603-0677
제천클라이밍센터	제천시 의암동 주민자치센터 2층	http://cafe.daum.net/jecheonclimb	010-9416-3966
고릴라클라이밍센터	충청남도 서산시 서해로 3443	http://cafe.daum.net/gorillaclimbing	041-665-9511 / 010-3440-9577
락트리클라이밍	충남 아산 방배읍 장재리 1792 5층	http://blog.naver.com/rock_tree	070-8822-6666

전라도

전주바위오름 실내암벽	전주시 완산구 중화산동2가 616-3	http://cafe.daum.net/JJRClimb	010-5013-7876
선운클라이밍클럽	군산시 경암동 683-2	http://cafe.daum.net/sunwoonsan	010-9838-5547
목포클라이밍클럽	목포시 목원동 구 동사무소	http://cafe.daum.net/mcc5014	010-7203-8611
인디락클라이밍짐	익산시 모현동 1가 1-20번지 3층	http://cafe.daum.net/IKSANClimbing	010-3678-9258
순천미르클라이밍센터	순천시 조례동 1257-1번지 2층	http://cafe.naver.com/mirclimbing	061-742-1080

경상도

구미클라이밍센터	구미시 형곡동 143-33	http://cafe.daum.net/alpiclimbing	010-3535-4059
김해클라이밍센터	김해시 외동 704-13	http://cafe.daum.net/gimhaeclimbingclub	010-3848-5875
5.14클럽	김해시 삼방동 573-3	http://cafe.daum.net/514club	010-2559-6814
포항클라이밍센터	포항시 북구 죽도동 139-6	http://cafe.daum.net/extremescc	010-3193-9515
김대우암벽교실	포항시 남구 대이동 932-1	http://cafe.daum.net/phclimbing	010-3826-0334
경주클라이밍센터	경주시 황성동 산1-1	http://cafe.naver.com/alpinecamp	010-3818-7823
경주top클라이밍센터	경주시 황성동 344-21	http://cafe.daum.net/kjclimbing	010-5139-7180
마산실내스포츠클라이밍	창원시 마산회원구 양덕동 477	http://cafe.daum.net/msclimbingschool	055-255-6874 / 011-840-2566
창원클라이밍스쿨	창원시 의창구 대원동 97-10	http://cafe.daum.net/DYNOS	055-276-5832 / 011-9309-5943
경주설우클라이밍센터	경주시 황성로 59(황성동 277-4번지)	http://cafe.daum.net/SulwooClimbing	010-7425-6566
김해퍼스트클라이밍짐	김해시 삼계동 1509-11번지 401호	http://cafe.naver.com/firstclimbing	055-338-1707 / 010-2328-3578

제주특별자치도

무브존	제주시 이도2동 1011-6	http://cafe.daum.net/sansoo1214	064-723-5014
제주에이스클라이밍클럽	제주시 오라2동 1433	http://cafe.daum.net/asiaone8848	010-4697-9945

클라이밍 토크 잭 나카네(나카네 호타카)

도쿄 도 메지로에 있는 등산용품점 '칼라파테(Calafate)'의 점장. 도시형 실내 볼더링 선풍을 주도한 사람 중 하나이자 클라이밍센터 'J&S'의 경영자다. 암벽등반 경력 약 40년의 노하우를 살린 그의 클라이밍 강좌는 쉽고 효과적이라는 호평을 받는다. 현재는 애견 '구마지로'와 함께 일본 전역의 암벽과 볼더를 개척하는 중이다.

옮긴이 노경아

한국외대 일본어과를 졸업하고 대형 유통회사에서 10년 가까이 근무하다가 오랜 꿈이던 번역가의 길로 들어섰다. 번역의 몰입감, 마감의 긴장감, 탈고의 후련함을 즐길 줄 아는 꼼꼼하고도 상냥한 일본어 번역가. 현재 번역 에이전시 엔터스코리아의 출판기획 및 일본어 전문 번역가로 활동하고 있다. 주요 역서로는 《아이의 마음이 자라는 마법의 집》《123명의 집》《결정적 질문》《앵무새 교과서》《당질 다이어트》《자신감은 이 순간에 생긴다》《오늘하루》《반농반X의 삶》《감정본색》《3D사고》 등이 있다.

클라이밍 교과서
암벽과 홀드, 풋워크, 다이노, 맨틀링, 바디케어, 필수 용품까지

1판 1쇄 펴낸 날 2016년 8월 10일
1판 4쇄 펴낸 날 2024년 7월 15일

지은이 | ROCK & SNOW 편집부
옮긴이 | 노경아
감　수 | 김자하, 이성재

펴낸이 | 박윤태
펴낸곳 | 보누스
등　록 | 2001년 8월 17일 제313-2002-179호
주　소 | 서울시 마포구 동교로12안길 31 보누스 4층
전　화 | 02-333-3114
팩　스 | 02-3143-3254
이메일 | bonus@bonusbook.co.kr

ISBN 978-89-6494-265-9 13690

• 책값은 뒤표지에 있습니다.